U0348598

机械工业出版社

# 买入银行股

BUYING
AND
HOLDING
BANK
SHARES

丁昶 著

机械工业出版社
CHINA MACHINE PRESS

## 图书在版编目（CIP）数据

买入银行股 / 丁昶著 . —北京：机械工业出版社，2023.5（2024.10 重印）
ISBN 978-7-111-72761-3

I. ①买…　II. ①丁…　III. ①商业银行 - 股份制 - 研究 - 中国 - 现代　IV. ①F832.33

中国国家版本馆 CIP 数据核字（2023）第 039522 号

　　本书采用线性结构，以时间为主轴，从历史讲到现在，然后再推及未来。本书的研究方法讲究论从史出，大量使用事实和资料，不拘泥于理论教条。本书总体上可以分为三个部分，根据价值回归与风格转换策略，介绍了银行业的发展和银行股的投资选择。

# 买入银行股

出版发行：机械工业出版社（北京市西城区百万庄大街 22 号　邮政编码：100037）
策划编辑：顾　煦　　　　　　　　　　　　责任编辑：顾　煦　　牛汉原
责任校对：丁梦卓　　王明欣　　　　　　　责任印制：张　博
版　　次：2024 年 10 月第 1 版第 6 次印刷　印　　刷：北京建宏印刷有限公司
开　　本：170mm×230mm　1/16　　　　　印　　张：16
书　　号：ISBN 978-7-111-72761-3　　　　定　　价：69.00 元

客服电话：（010）88361066　　　　　　　版权所有·侵权必究
　　　　　（010）68326294　　　　　　　封底无防伪标均为盗版

# 前　言

　　我曾经长期在中资和外资的投资机构任职，深知在股票市场的各个行业中，最难研究的就是银行业。这不仅是因为研究银行业所需要的资料极其丰富且专业，还因为银行业与宏观经济的联系特别紧密。在世界潮流变换的大背景下，研究工作的逻辑框架本身也在剧烈变化。

　　打个比方来讲，其他行业的研究，只要拿起锤子扳手直接干就行了。而今天的银行业研究，需要先把各种工具打造出来，然后才能投入工作。不过在硬币的另一面，如果别人难以办到的事，你办成了，那么你潜在的收益也就越大。在我看来，目前资本市场对银行股的定价存在明显失误，这已经形成了一个价值10万亿元的巨型灰犀牛式的投资机会，我认为完全值得用一本书的篇幅来全面阐述。

　　事实上，以我有限的洞察力，恐怕三五年前还写不出这本书。随着时代发展的形势逐渐明朗，我认为现在已经可以把事情基本讲清楚了。这些事实和逻辑，最终也一定会反映到市场价格上去。

　　本书采用线性结构，以时间为主轴，从历史讲到现在，然后再推及未来。本书的研究方法讲究论从史出，大量使用事实和资料，不拘泥于理论教条，与时代转折期的大气候相适应。同时本书强调知识性，也为读者进一步自行研究提供了基础和便利。

本书总体上可以分为三个部分。第 1 章到第 4 章，本书从历史鸟瞰的视角，回顾了货币银行系统的进化，以及当代银行业创立和发展的时代背景，强调了银行业对于宏观经济的特殊重要性，最后讨论了宏观经济和银行业的发展前景。本书的判断总体是乐观的。

第 5 章和第 6 章，本书从国际比较的视角，对主导过去十几年全球股市的成长风格进行了理论解释和成因分析。讨论了美国资本市场的现状、一些关键行业的竞争格局以及 A 股市场的风格特征。基于探讨做出判断，周期性因素已经发展到了极致，从成长到价值的风格转换即将到来。

从第 7 章到第 10 章，本书从正确看待银行股价值的投资视角入手，分析了银行股基本面与价格之间"龟兔赛跑"的特征及其背后成因。从坏账问题、模式问题和估值问题这三个方面，比较全面地解答了市场上对银行股的常见质疑。

本书的视角不拘泥于技术细节，因为技术细节无法解释市场价格所反映出来的极低估值。只有从宏观和历史的视角，才能抓住主要矛盾，正本清源，解答市场的疑惑，驱散不科学的焦虑。

比如，目前市场上普遍担心银行让利于实体经济，会损毁自身的价值。这其实是一个误解。从历史数据上看，虽然银行的净资产收益率随宏观经济同步变化，但是始终稳稳地跑赢名义 GDP 增速。投资价值非但没有损毁，反而进一步凸显。这是摆事实。从逻辑上看，虽然银行系统年年让利，但利润在年年增长；虽然国家财政年年补贴，但税收在年年增长。这两者背后的原理都是放水养鱼，水多则鱼大。这是讲道理。

除了一般意义上的摆事实和讲道理，本书还从历史进程和世界潮流的高度进行分析。具有系统重要性的大型企业，无论民营还是国有，都要面对如何承担社会责任的问题，仅仅因为国企属性就给予估值折价是不合理的。

从这个角度讲，中国特色社会主义的成功必将催生中国特色的估值体系，而我希望本书能够为中国特色估值体系贡献一些有价值的内容。

最后致谢每一位试读者。本书曾经在微信公众号"小鲜传"上进行试读。我在吸收试读者反馈后，进行了大幅调整修改，最终才形成了现在的版本。在此谨向试读者表示感谢。同时欢迎本书读者与我交流，请关注上述公众号或者发送电子邮件：dingchang.backup@qq.com。

丁　昶

2023 年 1 月写于上海

# 目　录

# 第1章

# 银行是一个特殊的行业

- 在我看来，除银行业外其他上市公司的研究思路都是共通的：从业务推收入，从收入推利润，从利润推估值。更进一步，无非是把上市公司的财务报表理清楚，再用数学模型计算估值区间，多考虑几个参数变量罢了。说穿了，这些都是微观研究的方式。然而，银行股研究需要的思路和资料与其他行业股都不一样。

- 当然，银行业在现代经济中的独特地位不是凭空得来的。在本章中我们将了解到，人类社会在历史上曾经多次因为货币短缺而引发问题。在承受了巨大痛苦和上下求索之后，才最终产生了现代商业银行体系，即本书所谓的银行3.0。而产生这一切的缘由，都要从一枚不起眼的小小铜钱说起。

- 银行业是一个特殊的行业，它对宏观经济具有特殊意义。如果银行业能够稳定发展，宏观经济就能够稳定发展。反过来，宏观经济兴旺发达了，银行业就不可能不兴旺发达。用一句最简短的话来总结，那就是：银行业具有特殊的系统重要性。

## 另眼看银行

截至 2022 年 6 月底，中国的 A 股市场上共有 4800 多家上市公司。不同的研究机构会把它们归类到不同的一级行业，然后再细分到上百个二级、三级行业。不过无论怎么分类，银行业都是一个相当独特的存在。

从市场表征看，银行业上市公司的内在同质性很强，不像有色金属、生物医药等行业那样丰富多彩。银行股的市值一般较大，其中还包括好几个市值在万亿级别的巨无霸。这样一来，整个银行业板块就像赤壁之战里曹操的连环船一样，相互牵制，形成了一个相当稳定的结构，轻易不会发生变化。

轻易不会发生变化的板块是不是就没有投资机会呢？当然不是，每个行业都有自己的特性。有些行业非常活跃，短线机会很多，但是把时间周期拉长了看，往往是企业经营、利润指标等皆乏善可陈。而有些行业，平时看呆若木鸡，无甚可观，但偏偏是这样无人问津的行业，才能够不鸣则已，一鸣惊人。

关注银行股的人比较少，其实还有一个非常现实的原因，那就是对银行业的研究太难了。银行业绝对不是一个普通的行业。在我看来，除银行业外其他行业上市公司的研究思路都是共通的：从业务推收入，从收入推利润，从利润推估值。更进一步，无非是把上市公司的财务报表理清楚，再用数学模型计算估值区间，多考虑几个参数变量罢了。说穿了，这些都是微观研究的方式。然而，银行股研究需要的思路和资料与其他行业股都不一样。

从思路上讲，银行股研究需要采取宏观思维，收入、利润等微观指标当然也可以研究，但是这些东西对银行股投资价值的解释力不强。如果眼光仅限于此，那么得出的结论往往只能是隔靴搔痒。因此，银行股研究需要与对宏观经济的长期判断结合起来。

从资料上讲，银行股研究需要涉及大量本公司、本行业以外的资料，而且银行的很多资产和负债都是长期的，单独观察某一年的财务报表对于整个研究没有太大的意义。这就要求我们的研究要从时间和空间两个维度上展开，最好把历史沿革和国际比较的情况也讲清楚。

在现实的商业世界中，银行的特殊地位是显而易见的。你能够想象一个现代经济体失去银行系统会是什么样子吗？你拥有多少资产？还负有多少债务？工资怎么发？东西怎么买？如果失去银行系统，社会秩序将会在一定程度上被打乱。

1964 年上映的电影《007 之金手指》里有这么一个设定：大反派想要摧毁美国存放在诺克斯堡军事基地的黄金储备，希望由此引发国际金融市场的大崩溃。事实上，假如今天有不法分子成功地入侵美联储和几家主要银行的主机及备份系统，删除所有账户数据并且使其不可恢复，那么由此造成的破坏将会远远超过任何编剧的想象。

银行是国民经济的命脉，在一定程度上维持着宏观经济的正常运转，对于这一点，大多数人并没有什么争议。可是在某些国家、某些时点，其他一些行业也会呈现出高度的战略重要性，比如日本就曾有过

"家电立国""汽车立国"的说法。最近几年，中美两国又在半导体领域展开激烈竞争。那么，银行的特殊性与这些行业的特殊性有何不同呢？

我觉得要从两个维度看。第一个维度是时间。通常随着科技的发展，每过若干年，就会出现一个具有战略重要性的技术产业，它们新陈代谢、不断更替。但是，银行业对于宏观经济的战略重要性则是几百年来一以贯之的，从来没有改变过。

第二个维度是资本增值。许多技术突破并不必然带来产值的增长，典型的案例如PC时代的摩尔定律，CPU的性能日益提升而售价却不断下滑，产值的增长并未带来超额利润。假如我们把利润与投入相比较，考察净资产回报率，尤其是长期复合净资产回报率，那么许多新兴技术行业的表现其实都不甚理想。LED、风电、光伏等新兴产业都曾经遭遇全行业亏损的打击，而由于银行业务的债权特性，还本付息只是维持它们正常经营的前提，故不易像其他行业那样，会出现全行业的亏损。但如果银行业不能实现资本稳定增值，那么它履行社会职责的功能就会受到一定程度的影响。

当然，银行业在现代经济中的独特地位不是凭空得来的。在本章中我们将了解到，人类社会在历史上曾经多次因为货币短缺而引发问题。在承受了巨大痛苦和上下求索之后，才最终产生了现代商业银行体系，即本书所谓的银行3.0。而产生这一切的缘由，都要从一枚不起眼的小小铜钱说起。

## 铜钱里的故事

我们中国人研究货币的历史有一个特殊的优势，那就是考古证据特别丰富。自秦代以后，历代铸币的存世量都很大。

如果我们把历代铜钱一字排开，一眼就能发现其中的奥妙。从西汉五铢钱，到唐代开元通宝，再到宋代太平通宝、明代永乐通宝，一直到清代的光绪通宝，它们的形状、大小都很相似，重量更是不约而同地保持在 4 克左右。换句话说，虽然两千多年来，中华大地上出现过不可胜数的钱币种类，但是其标准规格却是一脉相承。

遗址考古更加直接地证明了这一点。在宋元时代的墓葬中，经常同时出土唐代铜钱和宋代铜钱。在明清两代的遗址中，汉代、唐代、宋代铜钱与明代、清代铜钱也是混合窖藏的。可见古人并不认为历代铜钱之间有什么区别。日本方面的考古成果也证明，古代日本人在进口、使用和窖藏中国铜钱时，并不区分其铸造朝代。

如果现代社会发生货币更替，通常会将旧币全部作废，换发新币取而代之，比如俄罗斯卢布取代苏联卢布、欧元取代德国马克这样。反观古代社会，铜钱的铸造成本很高，收缴、运输也不容易，而且金属铸币的价值很大程度上来自其材质自身，所以全部更换的意义很小、成本很大。因此中国封建王朝历代保持货币统一标准、混合使用，也就不足为奇了。

从上述逻辑引申开来，只要是金属铸币体系，那么保持统一标准、历代混用就应该是更有效率的。除了中国，世界经济史范围内很难找出第二个类似的案例了。我们或许可以用路径依赖来解释这种现象。货币的历代混用本质上是一种跟随策略，它依赖于一个强有力的初始状态。比如五铢钱，仅西汉一代就铸造了 280 亿枚，数量足够多，而且工艺优化、标准统一。这就是一个强有力的初始状态，后续朝代只要跟随五铢钱的标准即可。其他如地中海、南亚等地区，因为不存在一个可供跟随的强有力的初始状态，所以历代混用也就无从谈起了。

西汉五铢钱确立了中国两千多年来历代铜钱的共同形态：外圆内方，直径2.4厘米左右，重约4克。有些人可能会觉得，用不着把货币说得太玄乎，它就是交换中的一般等价物而已。确实，大米、布匹、茶叶甚至盐票都可以暂时、局部地充当一般等价物，但是它们跟标准铜钱之间的关系，就好比当今国际市场上土耳其里拉与美元之间的关系。看上去好像是一类东西，但在实际意义上根本没有可比性。

关于美元，我们可以从金本位、租借法案、布雷顿森林体系等多个视角开展研究。同样的道理，我们在铜钱体系内部的研究也可以探讨得很深。比如，除了标准铜钱，中国历史上还出现过许多大钱和小钱。与之相关的，还有所谓的官铸和盗铸。它们又是怎么回事呢？

我们知道，汉武帝首创五铢钱。然而，同样是他在位期间，出现了白金钱和赤侧钱等大钱。白金钱分为三档，号称白金三品，分别可当五铢钱300文、500文和3000文使用；赤侧钱则一枚可当五铢钱5文使用。上述大钱是为了填充财政赤字而发行的，其兑换价值由官府单方面指定，完全脱离其金属价值。历史方面的学术研究通常认为，汉武帝此举增加了货币供应量，并且推动了通货膨胀。

狭义地说，上述前半句判断还不能算错。发行大钱确实增加了货币供应量，但是它背后的原理与现代中央银行发行高能货币完全不同，反而更接近于现代意义上的发行国债。因为现代中央银行发行的高能货币，一旦问世，便与所有存量货币混同起来，无法分离。这就相当于立即、均匀地剥削了所有存量货币的持有者。但是，古代的大钱并不能实现这样的效果。历史学者们不能辩明这一点，正是因为他们在纸币时代生活得太久，故而无法对铸币时代的经济规律感同身受。

历史上的这些大钱必须明确标识其面值，比如以一当五、以一当十之类的，并不会与存量铜钱混同起来。因此即使有影响，也不过是这些大钱的持有者受到了影响，其他人完全感觉不到。如果官府允许这些大钱可以用于交税，则大钱的持有者也未必会有损失。只要官府最后通过税收回笼了这些大钱，那么经济体中的货币供应量就会恢复原样，由此造成的通货膨胀也就无从谈起了。这样看来，发行大钱，不过是官府把将来的税收提前支取了而已。如此理解，是不是跟无息国债差不多呢？

其实官府用不着真的全部实施回笼，只要给予市场信心，令市场相信官府有能力回笼，便足以维护大钱的价值了。对于这个原理，汉武帝自己是看得很清楚的。因此，他规定"赋官用，非赤侧不得行"，也就是说，官府税收不仅接受赤侧钱，而且只收赤侧钱，这样他就把大钱的货币信用给立起来了。此时人们反而可以积极地使用赤侧钱进行日常交易，不一定急着拿去用于交税。

当然，这种大钱国债也有违约的案例。比如唐肃宗就曾发行乾元重宝钱，本来是以一当十，后来竟然一纸公文改为了以一当一，持有者几乎血本无归。不过历史上更加常见的情况是，大钱发行方政权更迭，它的"国债"自然也就随之违约了。

按照市场经济规律，金属铸币的货币价值不会大幅偏离其金属价值。因为如果货币价值太高，就会引发盗铸，即市场自发熔铜铸币。如果货币价值太低，则会引发私销，即市场自发销币取铜。

若大钱的货币价值远高于金属价值，自然会引发盗铸。这种性质的盗铸，与今天的印刷假钞并无不同。我们可以称之为"第一类盗铸"。官府自身即为此种盗铸的最大受害者，当然会予以严厉打击，仅汉武帝时期就有"坐盗铸金钱死者数十万人"。然而利益所在，仅靠严刑峻法是无法禁绝的。现代社会尚且会有伪钞案，更何况在古代呢？

此外，还有两个技术因素使得这个问题更加棘手。一是古代社会的铸造工艺不精，官铸与盗铸在品相上拉不开差距。二是古代社会信息传播效率较低，识别假币所需的知识难以普及。官、私两方博弈的最终结果是，官府尽量少铸大钱，民间也就无从盗铸了。

除了大钱，官府也会发行小钱，也就是含铜量不足的劣钱。其目的同样是填充财政赤字，不过其经济后果却与发行大钱截然不同。因为标准钱的面值是每枚 1 文，大钱的面值是每枚若干文，两者不可能混同。如果混同了，那么大钱也就不是大钱了。然而官府发行的小钱，面值也是每枚 1 文，其铸造目的就是要与历代发行的标准钱混同，以次充好，因此小钱天然地带有欺骗性质。更为恶劣的是，有时官府还会在收税时进行拣选，只收标准钱，而拒绝接受自己发行的小钱。这样就破坏了市场的自净能力，将损失强加于小钱的持有者。

由于不受市场欢迎，所以这种官铸小钱必须依赖官府的强制力才能进入市场，而市场对此的反应又如何呢？史书记载得很清楚："（南朝）所铸钱形式薄小，轮郭不成。于是人间盗铸者杂以铅锡，并不牢固""铸二铢钱，形式转细，官钱每出，民间即模效之"。

从"于是""每……即"等文字上，我们就可以看出来，古人其实非常清楚这里面的因果关系。官铸小钱在前面用强制力开路，盗铸小钱紧随其后，鱼肉百姓。从性质上说，这种盗铸就属于狼狈为奸。我们可以将此称为"第二类盗铸"。因为官府不会专门回收小钱，所以它盗的主要不是官府，而是百姓。

为了垄断小钱的发行权，官府当然也会打击"第二类盗铸"。不过，无论是官铸小钱，还是盗铸小钱，都要受到技术因素的制约。在古代条件下，作为一种稳定的工艺标准，铸币不可能做得太小。否则便无法通过铭文、花边、成色等因素鉴别真伪。从考古证据上看，能够保持品相，不影响使用的小钱，其重量至少也要 3 克，与 4 克左右的主流标准相差不远。换句话说，铸造这样的"高质量"小钱，官府从中得不到多少好处。

在古代条件下，要铸造重量明显小于 4 克的小钱，还要做得堪用，可想而知是多么困难。如果放弃工艺标准的稳定性，那么官、私小钱就会进入竞争性贬值的恶性循环。钱越铸越小，越铸越差，还有一等更差的铜钱可以"入水不沉，随手破碎"。小钱铸到这种程度，等待它的唯一下场就是自我毁灭，退出市场。

上面讲到的第一类盗铸和第二类盗铸，是笔者自己归纳的分类名词，并不见于学术研究。上述讨论的目的并非自夸，而是要引出最有意思的"第三类盗铸"。

## 文明的不幸

公元 621 年，唐代的标准钱"开元通宝"问世。根据史籍记载，开元通宝每文的重量是"一钱"。那么"一钱"到底有多重呢？考古资料证明，开元通宝的重量与西汉五铢钱并无差别，还是 4 克左右。只不过它来了个反客为主，以 4 克左右的重量作为"一钱"的定义。这再次证明，4 克左右的中国铜钱标准得到了历代沿袭，稳如泰山。

开元通宝问世不到 50 年，唐代就出现了一种奇怪的盗铸行为。首先，盗铸的大多为小钱。其次，当时官府并未发行小钱，不存在模仿官铸、搭便车的可能。最后，从史料记载看，这些小钱"才有轮廓""轻漫无复钱形"，似乎品相上很难具有欺骗性。如果没有政府强制力干预，按理说很难进入市场。我们可以将此称为"第三类盗铸"。

从后续史实上看，唐代的人们确实没有将这种小钱与标准钱混淆起来。唐高宗曾经提出以标准钱 1 枚换取 5 枚的办法，收兑盗铸小钱。结果人们"私自藏之，以候官禁之弛"。为什么会出现这种现象？唐代史料中未见相关讨论。

百年之后，史书上明确出现了"物轻钱重"的记载。也就是说，市场上物资多，铜钱少。人们为了缴钱纳税，不得不贱卖物资。进入宋代，问题越发恶化。以至于"公私上下，并苦乏钱。百货不通，人情窘迫，谓之钱荒"。此后的明代直至清代前期，钱荒问题一直存在。中外历史学家都注意到，明代的物价、财政收入和市场经济活跃程度均远低于唐代、宋代。造成这些现象的可能原因之一，正是钱荒。

既然是钱荒，那么在市场上自然会表现为铜价高昂。前面我们已经分析过，由于每文标准钱的重量是给定的，所以铜价上涨必然会提升铜钱的最小单位价值，使之不再适合小额交易。这个时候，市场会自发地寻找更小的货币单位。所以唐高宗时代那些顽固的"第三类盗铸"小钱，很可能正是这一市场意志的体现。只不过由于技术原因限制，无法形成气候。

我们举个例子来说明。假定市场上一支笔的价值是 3 文标准钱，一张纸的价值是 1 文标准钱，此时人们使用铜钱交易顺畅无碍。可是铜价翻番之后，一支笔的价值相对跌落到 1.5 文标准钱，一张纸的价值跌落到 0.5 文标准钱。这样的交易，使用标准钱就很不方便。此时如果能够转为采用某种小钱，其价值为 0.5 文或 0.25 文标准钱，则交易又可以变得很方便了。所以说，"第三类盗铸"小钱出现的原因并不神秘，它就是市场为了应对钱荒而自发产生的一次失败尝试。

钱荒影响小额交易，这一点已经讲清楚了。可是它真能有这么大威力，会影响文明的发展吗？我们可以算这样一笔账。假设按照整个唐代的经济活动规模来估计，正常情况下一年能够顺利完成全部交易，总共需要使用 1000 亿文标准钱。这个数字听起来很大，但是并不夸张。按照唐代人口 5000 万计算，平均不过每人 2000 文，即 2 贯钱，价值相当于后世 2 两白银。这应当是一个合理的水平。如果这么多铜钱，每文钱的标准重量为 4 克，就需要 40 万吨铜材用于铸币。当然，中国铜钱里用到的铜材并不是纯铜，而是一定比例的合金铜，不过我们这里姑且忽略这个问题。

40 万吨是什么概念呢？清代雍正年间开发云南铜山，最高时一年产量不到 3000 吨。按此速度积累，大约要满负荷持续开采 130 多年才能达到 40 万吨，而且在通常情况下，采掘得到的铜资源并不全都用来铸币。铜是重要的生产物资，建筑、器具、雕像等，都要使用大量铜材。历史上著名的"武宗灭佛"，就有销毁佛像、取铜铸币的意图。由于经济越发达，对作为铸币原料的铜的需求就越大，同时对作为生产物资的铜的需求也越大。这两种需求相互竞争，还会加剧铜材供应紧张的局势。这是为什么呢？因为当人们预计到铜材价格长期看涨时，就会主动地窖藏铜材，等着坐地起价。

如果唐代当年不能保证 40 万吨，而只能保证有 20 万吨铜材用于铸币，那就相当于只能提供 500 亿文标准钱。既然铸币供应量不足，每 1 文钱的价值必然高企，大量小额交易将不得不退化到"废钱用谷帛"，即以物易物的状态中去。市场效率将因此大幅降低，商品不通，贸易退化，更不要说触发工业革命之类的事情了。文明发展的进程受到资源上限的压制，就只能陷入低水平轮回的陷阱。

我们还可以再思考一下。如果唐代突然获得了超越时代的先进的铸币技术，能够打造一种稳定的、2 克左右的小钱。那么唐代完全可以推翻西汉五铢钱的标准，重新将 2 克定义为"一钱"。这样一来，即使只有 20 万吨铜材，也可以铸造出 1000 亿文标准钱，足以支持唐代一年的全部经济活动。甚至后世的钱荒也可能不会发生，至少可以大为缓解，整个中国历史都可能在唐宋之际转入另一种可能性时空……

托尔斯泰在《安娜·卡列尼娜》中有一句名言："幸福的家庭都是相似的，不幸的家庭各有各的不幸。"社会和文明也是如此。伟大的文明之所以伟大，往往不是因为它的优点有多么突出，而是因为它没有致命的弱点。

人类历史长河中充满了各种各样的不幸案例。比如，南宋没有草原，难以养马，因此组不起骑兵；沙皇俄国找不到终年不冻的出口港；19 世纪的普鲁士缺乏铁矿，等等。在本节中我们看到，对于经济发展来说，缺乏铸币也是不幸的。

## 《国富论》中的细节

在中国古代，铜钱主要用于国内的日常交易，被人们亲切地称为

"孔方兄"。可是对于长途、大额,依赖骆驼和马匹的西域贸易来说,携带几百、几千斤的铜钱就太不方便了。因此,这类贸易使用的货币主要是金银。顺便提一句,中国古代对日本、东南亚的贸易主要用船,不怕负重,所以还是经常使用铜钱的。

作为货币,金银的需求结构跟铜差不多。它们也都有作为生产物资的用途,金银可以打造首饰、器具,也可以打成箔片,用于包覆部件或者美化雕像,等等。因此每当经济繁荣的时候,金银作为生产物资的用途就会与作为铸币原料的用途争夺有限的原料供给。跟铜钱一样,金块、银块和金银币也不可能做得太小。如果说铜钱的重量下限是 4克,那么金银的下限只会更高,所以金银比铜钱对于经济形势的变化更敏感,也更容易退出日常交易市场。

公元前 1 世纪到公元后 1 世纪,位于亚欧大陆两端的汉朝和罗马帝国都达到鼎盛,丝绸之路上的贸易络绎不绝。有趣的是,就在这段时间,双方同时出现了金银流出的记载。古罗马的老普林尼在《自然史》中估计,罗马帝国每年需要向东方诸国支付价值 1 亿塞斯特斯(古罗马货币单位)的金银。汉朝的桑弘羊则在《盐铁论》中提出:"汝、汉之金,纤微之贡,所以诱外国而钓胡、羌之宝也。"他在书中的立场是为当时的政策辩护:金银乃无用之物,对外支付金银而买入西域有用物资,这种交易是对汉朝有利的,所以不需要改变。

为什么汉朝和罗马都会觉得自己付出了金银?金银到底去哪儿了?现代人可以很轻松地讨论顺差和逆差,那是因为现代海关和中央银行能够严密跟踪各国进出口贸易的发生金额、交易对手和资金属性。然而,无论是老普林尼还是桑弘羊,他们能够观察到的东西是什么呢?我想不外乎两条:一是外国商队往来,说明对外贸易繁荣了;二是市场上金银日见紧张，不敷使用。那么把这两个现象串联起来，最直观的结论就是：我们的金银被外国人带走了。

同样是把金银交给外国人，可能是用于进口消费，也可能是为了扩大生意用来周转。这两种资金的属性是不一样的。用现代会计语言来讲，前者属于经常项目，后者属于资本项目。事实上，当汉朝和罗马帝国都认为自己的金银被外国人带走了时，很可能这只是国际贸易规模扩大的自然结果。

国际贸易需要占用大量的金银用于在途周转。洲际贸易的路程往返可能需要数年甚至数十年，常常需要手头有足够的金银做本钱。16世纪以前，欧洲流行着一种"重金主义"（bullionism），它的代表政策是限制金银输出。外国商人到本国来做生意，当他们在本国出售商品后，不得携带金银离境，他们必须把金银用于采购本国商品，全部使用完之后才能离开。

如此貔貅般地积累金银，到底有什么好处？现代人好像很难理解这一点。虽然我们很难用国民收入、产出、物价之类的变量来解释，但这确实是一个缺乏历史代入感的例子。不过只要回到当时的历史环境中，答案还是很明显的。假如罗马国王想要一件中国丝绸做的长袍，那么他手里必须有金银。有金银，那就容易交易，可能5盎司银子就够了，再不行就1盎司金子。可要是没有金银，那就很麻烦，哪怕罗马国王愿意用100头羊或者一整个仓库的小麦来交换，旅行商人可能都不会接受。因为，只有金银才是国际贸易的入场券。

从逻辑上讲，欧洲的重金主义与中国唐宋的钱荒是很相似的，它们都源自金属铸币不足的困扰。只不过欧洲国家小，相互之间争夺金属货币的意图很明确。事实上，从整个欧洲的视角看，这种以邻为壑式的零和博弈并没有什么意义。中国是覆盖整块大陆的文明系统，局部和暂时的解法并不被认为是解法，所以除了"第三类盗铸"小钱之类的内生尝试之外，国家层面并不试图去争取积累金银。事实上从体量来讲，周边邻国也没有交易对手可供中国争夺。不过，至少宋、明、清三代都是明确禁止铜钱出口的。

重金主义强买强卖的政策过于简单粗暴，效果不好，所以后来欧洲君主们改变方式，重点培养本国的出口产业，让外国人心甘情愿地把金银交出来。这种经过市场化改造的重金主义，被称为重商主义（mercantilism）。相比于重金主义那种完全的零和博弈，重商主义至少把注意力放到产品上了，这具有促进技术进步的意义。后来人们干脆把重金主义作为重商主义的早期形态，只可惜这名字一改，就把政策的最终目标给弄模糊了。要知道，重商只是手段，重金才是目的。

16 ～ 18 世纪的英国，是重商主义政策最经典的案例。当时英国扶持的对象是羊毛纺织业。英国有牧场，羊的品种也好，出产的羊毛颇负盛名。在这些客观条件的基础上，英国进行了一系列操作。首先，禁止出口本国羊毛、小羊和公羊，以防品种外流。偷运种羊出境的，将被处以严刑。其次，鼓励进口外国羊毛、棉花、亚麻和染料等生产资料，为英国纺织业所用。最后，严防技术外泄，一方面禁止纺织机械出口，另一方面禁止制造业技术工人出国任职。初犯者罚款 500 英镑，入狱 1 年。要知道，当年的 500 英镑可着实不少，一般人被罚 500 英镑直接就倾家荡产了。

1776 年，经济学经典著作《国富论》问世。亚当·斯密花费了大量篇幅来歌颂自由贸易的好处，并且明确表达了对重商主义的排斥态度。不过在笔者看来，驳论文章就像拔草一样，先得摸准对方的逻辑根基，然后一举铲除。如果不首先阐明重商主义的由来和历史合理性，那么就无法彻底打倒它。

在笔者看来，《国富论》第一篇第十一章第三节后面的附录里，倒是有一小段话，足以起到"孤篇压倒全唐"的效果。这段话说，在地理大发现之后，由于美洲金银的大量流入，欧洲物价出现普遍上涨。其中谷物相对于白银的价格，大约上涨了3倍。

是的，想要反驳重商主义，这一段话就够了。中国铜钱两千多年反复探索的历史经验证明，金属铸币的存量是有一个合理范围的下限。如果低于这个下限，就会造成钱荒，影响它履行货币的职能，甚至破坏整个经济体的正常运行。可是一旦高于这个下限，则会进一步增加金属铸币，它就只能起到通货膨胀、推高物价的效果了。

由此看来，这是一个不对称的函数。金属存量低于下限的时候，重商主义是对的，积累金属铸币必须优先进行。"看不见的手"想要发挥作用，首先就得有足够的铸币来维持市场的运转。而当金属存量高于下限的时候，放任自流是对的，因为此时已经没有必要牺牲经济效率来积累金属了。

## 致命的通缩

我们在前面做过一个示意性质的估算。如果唐代的经济活动需要使用1000亿文铜钱，那么就得保证有40万吨铜材用于铸币。但这还只是静态分析，假如唐代的人口进一步增长，商品种类更加丰富，长途、大额交易更加频繁，甚至出现了资本市场，需要进行金融交易，那么货币需求量就会远远超过 1000 亿文，40 万吨铜材也就不够用了。钱荒终究还是会出现。

这样看来，经济活动不断增长，铸币量也必须不断增长。但是，这还不够。因为铸币量的增长若快于经济需求，就会产生通货膨胀（简称通胀）；铸币量的增长若慢于经济需求，就会产生通货紧缩（简称通缩）。无论通胀还是通缩，幅度加大之后，市场主体都是很痛苦的，因此经济活动和铸币量这两者的增长速度最好还要保持协调。

立足于 18 世纪下半叶，亚当·斯密呼吁不再积累金银，这符合当时的实际。但是他没法预料到，随后爆发的工业革命带来了经济活动规模的强劲增长，很快就与美洲金银流入的速度达到平衡，通货膨胀停止了。进入 19 世纪，美洲金银矿山的产量日益枯竭，另外每年还有大量金银被输送到中国去换取茶叶、瓷器和丝绸。这就相当于游泳池的进水阀在逐渐关闭，而出水阀仍然敞开，那么游泳池的水位当然只能不断下降了。于是欧洲也闹起了钱荒，市场交易面临铸币不足的问题，物价也转入漫长的通货紧缩。

通货紧缩体现在消费市场上，就是购买力不足，而体现在资本市场上，就是资本实际回报过高。这两者相结合，就会造成贫富差距。1848 年，欧洲爆发了历史上最大规模的平民革命。同年，马克思和恩格斯发表《共产党宣言》，预言了当时社会制度终将走向灭亡。

不过，上帝还是眷顾欧洲人的。就在这之后的数十年时间里，美国加利福尼亚州、南非和澳大利亚相继发现大型金矿，为铸币短缺的欧洲解了一把燃眉之急。同时欧洲人利用自己的炮舰，在 1840 年第一次鸦片战争时期，强行打开了鸦片贸易的大门，流向中国的金银逐渐停止甚至开始逆转了。

有了运气和炮舰的加持，欧洲人接下来的命运将会如何呢？这里请允许笔者卖个关子，按下不表，先转入本书的正题，讲讲银行的故事。

## 从银行 1.0 到银行 3.0

北宋初年，也就是公元 1000 年前后，四川成都出现了人类历史上的第一种纸币：交子。发行交子的商户被称为交子铺户。按照我国学术界的习惯，交子铺户不算是银行。不过在 1609 年，荷兰阿姆斯特丹成立了欧洲第一家储金银行，它的业务跟交子铺户类似，可人家是正儿八经的银行（bank）。事实上，意大利还有更加古老的银行，不过它们的模式更接近于豪族之间合作搞资本运营，主业并不是面向公众吸收储蓄。

交子铺户也好，储金银行也好，它们的商业模式如下：储户带着金、银、铜制成的货币过来，由机构验明真伪之后，予以收纳保管，同时机构为储户开出纸质证明单据，单据上载明保管中的铸币量，承诺此后任何人均可凭此单据前来提取对应的铸币。然后只要大家都认可这个机构的承诺是真实的，那么这张单据就可以在市场上代替铸币使用。于是它就逐渐演变成了纸币，我们可以把这种模式称为银行 1.0。

银行 1.0 跟现代银行的最大差异，就是储户前来存钱，非但没有利息，反而还要缴纳手续费。为什么呢？因为银行 1.0 的实质就是保险柜租赁。储户把铸币放进去，它只是起到一个保管作用，并不拿去投资放贷，当然也就不可能产生利息了。

如果没有利息，储户为什么要到机构那里去存钱呢？这主要还是为了方便。早期的纸币票面都挺大，交子最小的面值是 1 贯，也就是 1000 文，大约是 4 千克铜材的价值量。如果身上带一张薄薄的面值为 10 贯的交子，就可以免去 40 千克铜材的负重，这对储户来说，吸引力太大了。

那么有没有人头脑灵活一点，偷偷拿保险柜里的铸币出去放贷呢？我想肯定是有的，但这在当时属于违规经营。银行 1.0 的首要任务是保证兑现承诺。如果这边刚把钱投出去，那边储户就来取现了，怎么办？如果同时有大量的储户都出现了这种情况，这个现象就称为挤兑。

机构规模小，储户数量少且集中，挤兑的风险就较高，机构就不敢偷偷放贷。反过来说，随着机构规模的扩大，储户数量多且分散，挤兑的风险就会慢慢降低，利用时间差放贷也渐渐变成了标准操作。此时，银行 1.0 就升级到了银行 2.0。银行 2.0 的商业模式，等于是在银行 1.0 的基础上增加了一条契约：银行向储户支付利息，换取储户承担一定的风险，即发生挤兑时，银行有可能无法保证储户能及时取现。

从宏观上看，银行 1.0 是不影响货币供应量的。有多少纸币出现在市场上，就有多少金属铸币在保险柜中。一个锅盖只盖一个锅。但是从银行 2.0 开始，就有所不同了。假设 A 带一笔铸币进来，带一张纸币出去，然后银行再把铸币放贷给 B。那么此时 A 手里有一张纸币，B 手里有一笔铸币，市面上的货币供应量就增加了。此时，B 还可以拿着铸币再去找银行存钱，如此循环。一个锅盖可以盖好几个锅，当然这个锅也不能太多了，否则挤兑起来银行也受不了。

从 1492 年哥伦布发现新大陆到 1789 年法国大革命，中间这段时间是美洲金银不断注入欧洲的大通胀时期。在当时的欧洲宏观上并不存在额外增加货币供应量的需求，所以银行 1.0 和银行 2.0 这两种商业模式并存于世，并且人们通常认为银行 1.0 是信誉卓著的好孩子，而银行 2.0 则是调皮捣蛋的坏孩子。

可是进入 19 世纪大通缩时期，宏观上出现了增加货币供应量的需求。大道理管着小道理，信誉卓著的好孩子不能够满足需求了，这时候怎么办呢？只能由政府出面给坏孩子"撑腰"，让其大胆放贷，于是 1844 年英国出台了《皮尔条例》。从文字上看，《皮尔条例》处处在谈对银行业务的约束，但是别忘了，"打是亲，骂是爱"。英国政府肯管它，说明它有"靠山"了。

正是在英国政府信用的支持下，以英格兰银行为中心，整个英镑区的所有银行，包括今天印度、巴基斯坦、南非、澳大利亚等国的银行，组成了一个空前强大的银行体系。这样银行就没有那么容易被挤兑了。

请注意，虽然英格兰银行是当时全世界最强大的单一金融实体，但是英镑纸币还是作为金币的提货单据而存在的。英格兰银行只有承诺英镑可以兑换黄金，市场才承认英镑有价值，否则它就是一张废纸。虽然此时的银行业进化出了中央银行，但顶多算是版本 2.5，仍然没有跳出版本 2.0 的逻辑框架。

我们前面讲过，机构本身越强大，承诺对象越分散，挤兑发生的概率就越小。但是，概率再小也还是有可能的，尤其是当这个承诺机构本身变得虚弱时。1914 年，第一次世界大战爆发，币值稳定了上百年的英镑终于宣布贬值。

金本位下的货币贬值是什么意思呢？就是说储户都来挤兑，英格兰银行承认自身没那么多黄金，原来的承诺兑现不了了。当然，一定要兑换也可以，兑换量得打个折。如果这时候储户表示不想兑换了，那么市场就平稳了。可是如果储户打折也要兑换呢？那就只好再贬值了。果不其然，1929 年大萧条发生，1931 年英镑再次贬值。

大萧条的历史意义再怎么强调也不过分，因为在一定程度上，它是第二次世界大战的导火索。同时，它也是资本主义制度发展的分水岭。请思考我们前面讲到的货币供应量与经济活动发展的问题。马克思当时已经看到了金银资本与人力劳动之间的不对称性，但是欧美经济借助炮舰的力量又往前走了几十年，最后走到大萧条时期，就真的走不动了。

地球就这么大，即使考虑到进一步开发的可能，新增矿山和剥削殖民地能够产出的贵金属数量也是有限的，而经济活动的发展则有可能是无限的。其实这个矛盾的必然性是完全可以预见的，人类需要一个彻底的解决方案。然而社会变革的难点往往不在于设计方案，而在于凝聚共识。甚至有的时候，我们只能眼睁睁地看着一场"慢动作车祸"发生，却什么也做不了。因为危机不发展到痛苦的极致，是不可能倒逼出解决方案的。

经济学家弗里德曼曾经断言：当年如果美联储及时强力干预，放出足够多的货币进入市场，大萧条是完全可以避免的。这种想法就是典型的拿前朝的剑斩本朝的官，即用银行 3.0 的逻辑去评论银行 2.5 的问题。大萧条时期对市场的一致预期是什么样的？当时的大银行家 J.P. 摩根有一句名言："黄金是唯一的货币，其他所有的都只是信用。"他的言下之意是如果美联储胆敢强力干预市场，就只会把美元的信用一起葬送掉。在银行 2.5 时代，任何货币都不可能僭越黄金的地位。

作为这一时期的风云人物，经济学家凯恩斯的思想转变是比较典型的。他的早期著作《印度的货币与金融》极力鼓吹英镑体系，力邀很多的印度银行参与其中。因为英镑体系的覆盖面越大，结构上就越稳定，然而平日稳定的代价是一旦发生危机就不可收拾。于是在第一次世界大战（简称一战）之后，他又发表《货币改革论》来支持英镑贬值。大萧条发生之后的第 2 年，他的《货币论》问世，此书主张完全退出金本位，彻底摆脱大自然的束缚。等到 1936 年《就业、利息和货币通论》（简称《通论》）出版，凯恩斯已经完全不提金本位了，他只是一心讨论如何扩张经济。也正因为此，虽然《通论》写成于银行 2.5 时代，但是主要内容却适用于后来的银行 3.0 时代。

从大萧条到第二次世界大战（以下简称"二战"）期间，世界各国纷纷脱离金属本位。二战之后，又建立了以美元盯住黄金，其他货币盯住美元的布雷顿森林体系。直到 1971 年，尼克松宣布美元脱离金本位，布雷顿森林体系崩溃。人们逐渐接受了银行 3.0 的关键更新：贵金属的地位由中央银行发行的基础货币取代，大国政府开始拥有完整的铸币权。

直到此时的银行 3.0 时代，我们才能够理直气壮地宣称：货币是银行的产品。无论经济体需要多少货币供应，都可以通过央行和商业银行体系创造出来。历史上如唐宋钱荒、19 世纪欧洲的通缩、1929 年的大萧条，这些足以影响人类文明进程的灾难，从此一去不复返了。

## 银行的系统重要性

从上述历史脉络来看，银行的商业模式其实是由 3 个版本陈陈相因地积累起来的。在版本 1.0 里，银行起到的是一个忠实管家的作用。这个功能虽然简单，但是直到今天也没有替代品。用户可以把零钱存在支付宝里，可要是让用户在支付宝里做银证转账，可能用户就不太放心了。企业账户的管理更加复杂和困难。奇虎 360 应该把账户开在阿里还是腾讯？进出口结算能做吗？政企服务窗口在哪里？这些都是问题。从这个角度说，账户服务业务虽然产生不了多少收入，但这却是银行的安身立命之本。

版本 2.0 新增了放贷功能。这部分的利润丰厚，面临的竞争也很激烈。万事万物都有一个平衡，投资方和融资方要有平衡，股权融资和债券融资也要有平衡。有些人一厢情愿地觉得什么融资方式都不如股票好，殊不知我们作为投资方，当然总想往收益高的地方去，然而作为融资方，公司想的却是怎么降低融资成本。

借助版本 1.0 的绝对优势，银行总是能够吸纳到多且便宜的资金。这就让银行在投资竞争中立于不败之地。比较劣质的客户才会找资产管理机构去做高成本融资，而优质客户自己就会找到银行贷款。俗话说，一招鲜，吃遍天。银行的一招鲜不是收益高，而是成本低。

从版本 3.0 开始，银行就不再只是社会百业中的普通一员了，它已上升为承载整个经济体运行的中枢。在中央银行的协调指挥下，银行系统还具备了调节整个宏观经济发展节奏的功能。当然，人们对这一点形成共识也是有一个过程的。

2008 年金融危机产生了一个术语叫作大而不倒（too big to fail）。按照一般行业的理解，股东要对企业的经营结果负责。企业经营不善，大不了破产，股东权益归零，但是对于银行来说，逻辑就不一样了。许多银行的业务具有系统重要性，如果破产，影响的绝不仅仅是它自己的股东，还会影响一大批关联方，甚至有可能严重损害社会公众的利益。

美国财政部和美联储虽然史无前例地先后让贝尔斯登和雷曼兄弟这两家银行破产，但是却没敢让同样遭受重创的花旗银行破产。此外，美国财政部强制 9 家具有美国系统重要性的银行接受财政部注资，把原本只是"隐形小股东"（巴菲特语）的财政部变成了明面上的重要股东。同时，美国还颁布了全面加强金融业监管的《多德－弗兰克法案》。虽然危机过后，各家银行大都回购了美国财政部的股份，但 2008 年金融危机及其后的一系列政策演进是具有历史意义的，它标志着一个时代的转折。

新冠疫情暴发初始，美国财政和货币两大政策火力全开，无限量拉抬经济。虽然这一次经济形势没有恶化到需要给银行业注资的程度，但是没有人会怀疑，凡有需要，美国政府一定还会挺身而出，与各大银行的股东们站在一起。

由于历史沿革不同，中国的银行体系原本是完全国家所有、国家经营的。经过多年改革，现在已经涌现出了不少民营和混合所有制的银行。但是在面对危机的时候，地方政府、银行体系和中央政府密切配合，起到了减少相互博弈与内耗的效果。

在本节中，我们提到了很多概念，比如 2008 年世界潮流转折、隐形小股东、中国银行业的历史沿革等。这些概念都有相当深刻和重要的内涵，我们将会在后续章节中逐渐展开讨论。

最后请允许我再重复一遍。银行业是一个特殊的行业，它对宏观经济具有特殊意义。如果银行业能够稳定发展，宏观经济就能够稳定发展。反过来，宏观经济兴旺发达了，银行业就不可能不兴旺发达。用一句最简短的话来总结，那就是：银行业具有特殊的系统重要性。

# 第 2 章

# 效率周期里的中国银行业

- 截至 2022 年 6 月，中国市场 A 股中银行业的净资产总额高达
  19 万亿元，但是总市值仅有大约 9 万亿元。这两个数字之间的
  差额高达 10 万亿元，到底哪一个才更接近真相？这称得上是一
  个价值 10 万亿元的问题了。
- 在我看来，这种信心也许并不是基于对未来形势的完全科学理
  性分析，它更像是一种对于中值回归的朴素信仰。首先，我相
  信这个古老文明生生不息的顽强生命力；其次，我相信中国已
  经走过了百年国耻的痛苦谷底。那么接下来，唯一可能的方向
  就是往上，这还有什么疑问吗？
- 早年有一个说法，叫作全国一盘棋。它的意思就是要把各种领
  域之间的界线打破，统一调配资源，综合处理。比如，企业不
  只承担经济功能，还要承担社会责任，提供足够多的就业岗位。

既然如此，那么企业改革的成本也就不能单纯按照经济规律处理，而要在全社会范围内进行分担。

## 价值 10 万亿元的估值问题

有一款模拟投资经营的桌面游戏，叫作强手。它的主人公漫画形象很有特色：光光的圆脑袋，八字胡，肥大高耸的蒜头鼻。在欧美系的漫画中，但凡遇到老板、主管、资本家、有钱人等角色，往往都会按照这个模样来表现。

那么这个经典形象的原型是谁呢？答案是摩根财团的创始人：J.P. 摩根。其实以个人净值论，美国黄金时代的富人太多了。洛克菲勒、卡内基、福特，还有更早的范德比尔特，都比摩根有钱。可是为什么他们不能成为有钱人的形象代表呢？原因很简单，摩根是银行家。

在中国，银行的盈利能力众所周知。2021 年，股票市场中 A 股的净利润总额中约有四成来自银行股。这个比例绝非特例，在更早之前，银行股利润甚至可以占到全部 A 股的半壁江山。有人据此批评银行暴利，那有点不公平。因为在 A 股的净资产总额中，银行股要占到大约 35%。2021 年，全部 A 股的整体净资产收益率是 9.3%，银行股是 10.2%，仅略高不到 1 个百分点，远远称不上暴利。银行股的利润占比高，纯粹只是因为其行业体量大。

虽然银行股在财务报表上的地位举足轻重，但是截至 2022 年 6 月底，银行股市值只占全部 A 股的 10% 左右。根据万得金融终端统计的 2022 年机构半年报，银行股在基金、券商、保险、QFII 等投资机构的持仓中占比还不到 7%。如此显著的差异，说明了什么呢？

事实上，中国股市中有部分股票估值相当低，不受投资者重视，这已经成为一个罕见现象。同样截至 2022 年 6 月底，我们取市值 1000 亿美元为全球大公司的标准。那么在这些全球大公司中，估值便宜的是哪些呢？表 2-1 给出了分别按照市盈率最低、市净率最低和股息率最高定义的全球前十家公司排名。中国的大型企业齐齐刷榜，其中最显眼的正是工、农、中、建四大银行。

**表 2-1　按照市盈率最低、市净率最低和股息率最高定义的全球前十家公司排名**

| 排名 | 市盈率最低 | 市净率最低 | 股息率最高 |
| --- | --- | --- | --- |
| 1 | 俄罗斯天然气 | 中国银行 | 俄罗斯天然气 |
| 2 | 中国银行 | 中国农业银行 | 力拓 |
| 3 | 中国农业银行 | 中国建设银行 | 中国银行 |
| 4 | 中国建设银行 | 中国工商银行 | 中国农业银行 |
| 5 | 中国工商银行 | 中国石油 | 中国移动 |
| 6 | 英国石油 | 汇丰银行 | 必和必拓 |
| 7 | 道达尔 | 中国移动 | 中国工商银行 |
| 8 | 壳牌 | 美国电话电报 | 中国建设银行 |
| 9 | 中国平安 | 富国银行 | 中国石油 |
| 10 | 中国石油 | 中国平安 | 美国电话电报 |

资料来源：彭博。

估值低的股票不一定就有投资价值，更不能保证其价格会在短期内上涨。这就好比天上有云彩也未必就会下雨，但是假如已经到了黑云压城城欲摧的地步，那么这个现象至少是值得关注和研究的了。个别股票短期内估值低，可能并不需要什么特别的理由，纯粹就是股价波动。但是，如果大型板块长期估值低，那么它的背后一定有原因。截至 2022 年 6 月，中国市场 A 股中银行业的净资产总额高达 19 万亿元，但是总市值仅有大约 9 万亿元。这两个数字之间的差额高达 10 万亿元，到底哪一个才更接近真相？这称得上是一个价值 10 万亿元的问题了。

关于银行股估值低的原因，市场上也有许多讨论。其中涉及许多问题，有眼前的，也有长期的。这里我们先退一步，讨论一个方法论上的技巧：对长短期交织的复杂案例，我们的研究应当从何入手？孔子曰：人无远虑，必有近忧。我们在工作中也经常发现，短期问题往往正是变化了表现形式的长期问题。因此对于复杂案例而言，我们应当先用长期的视角，将来龙去脉梳理清楚，建立了宏观的逻辑框架之后，再去着手分析具体问题。这样才不容易被一些细枝末节所累，才能真正把握到大格局、大机会。

本书第 2 ~ 4 章的内容就是按照这个从远到近的逻辑来安排的，而在接下来的几个小节内，我们要做的是：欲穷千里目，更上一层楼。

## 股神也是弄潮儿

有些人可能对宏大叙事不太感兴趣，觉得它对投资没有帮助。那么，我们就来看看美国十年期国债收益率，如图 2-1 所示，讲讲它与股神巴菲特之间的故事。

从图 2-1 中不难看出以 5% 左右的水平为界，整张图被切成三块。1965 ~ 1998 年，美国十年期国债的收益率高于 5%。而在 1965 年之前和 1998 年之后，这一数字低于 5%。

大家可能不理解，这三个阶段说明什么呢？请注意，这三个阶段，恰好与巴菲特投资生涯的三个阶段相匹配。

图 2-1　美国十年期国债收益率（一）

资料来源：彭博。

巴菲特投资生涯的第一阶段，是在 1965 年全面收购伯克希尔 – 哈撒韦公司之前。当年他擅长采用财务套利和控股重组的方法进行投资，其手段类似于今天的 KKR 和黑石集团等私募股权巨头。这与他后来倡导的，强调护城河、买入并持有的巴菲特式投资风格并不相同。

而在 1998 年之后，科技股异军突起。虽然经历了 2001 年互联网泡沫破灭和 2008 年全球金融危机，但是高估值、高波动、不讨巴菲特喜欢的互联网公司仍然成功地主导了美国股市。正是在这样的背景之下，伯克希尔 – 哈撒韦公司股价连续几十年跑赢标准普尔 500 全收益指数的纪录止步于 1998 年。

除了上述前后两个阶段，我们所熟知的巴菲特创造投资业绩神话的时期，正是从 1965 年到 1998 年，即美国十年期国债收益率较高的这段时间。

　　国债收益率的三个阶段与巴菲特投资生涯的三段分期之间只是巧合吗？我们知道，物价水平与国债收益率是紧密相关的。高通胀一般对应高利率，低通胀往往对应低利率。假如上述两者之间确有联系，那么巴菲特的成功秘诀一定与较高的通胀率有关。不过统计数据上的联系只能作为进一步研究的线索，接下来，我们还要找到具体的证据。

　　巴菲特喜爱的经典股，总是与人们在日常生活中离不开的产品有关。例如，喜诗糖果、《华盛顿邮报》、吉列剃须刀、内布拉斯加家具商场、可口可乐、DQ 冰激凌……巴菲特曾经说过：只要一想到每天晚上男人们的胡子都会长出来，我就一点儿也不担心吉列。随着物价上涨，这些公司的收入将自然而然地增长，而且由于品牌效应，这些公司的收入增长的速度往往会超过其行业平均值。

　　那么负债方面又如何呢？我们知道，巴菲特管理的并不是个人股票账户，也不是公募基金，他管理的是一个以保险为核心的金融控股集团。所以，我们在看他的业绩时，一定要记住那是放过杠杆之后的数字。既然说到放杠杆，那么就有两个关键数字。第一，杠杆比率是多少？这个我统计过，伯克希尔－哈撒韦公司的杠杆比率大约是 1.5 倍到 2 倍。第二，杠杆成本，或者是融资负债的成本是多少？这就要讲到保险浮存金的概念了。

　　什么是浮存金呢？我们买保险的时候，总是先缴纳保费，然后等到特定事件发生之后，再去找保险公司理赔。我们交钱在先，它赔付在后（还不一定赔付）。在中间这段时间里，这笔钱不计利息但是归保险公司支配，这就称为浮存金。

　　公允地说，保险公司获取浮存金也不是没有成本的，它毕竟要承担理赔责任。但是这个成本换算过来，是一个不与通胀相关的固定数字。据研究，在国债收益率高达两位数的 20 世纪 80 年代，巴菲特拿到的保险浮存金成本还不到 3%。可想而知，就这一项，便增厚了他多少业绩。

总而言之，通胀越高，浮存金就越划算，利用保险业务架构来做金融控股集团就越有优势。反过来说，通胀越低，浮存金的优势就越小，甚至于可能消失，保险金融控股也就没有什么优势了。

最后总结一下，巴菲特式的投资风格，其精髓在于利用通胀。巴菲特在资产、负债两端的架构设计，都是受益于通胀的。因此，在高利率、高通胀的 1965 ～ 1998 年，恰好是巴菲特式投资风格跑赢市场的阶段。而当这个时代背景变换之后，股神的光芒也就不再那么耀眼了。

## 大鳄也是弄潮儿

前面讲巴菲特的时候，我们在美国十年期国债收益率图上横切了一刀。现在我们在这张图上竖切一刀，来看看索罗斯与世界潮流之间有什么样的故事，如图 2-2 所示。

1980 年前后，美国十年期国债收益率开始见顶回落，结束了长达数十年的趋势性上升。同样以 1980 年为界，索罗斯的投资风格也发生了一次巨变。当然，我们可以说他的哲学内核没有变，变的都是所谓的金融炼金术，或者说反身性理论。从形式上看，1980 年之前，索罗斯管理的量子基金，主要是一个股票基金，它兼顾商品，对货币只是稍有涉猎。当年索罗斯管理的基金业绩不错，不过他只是替几个大金主打工，多赚了一些钱罢了。

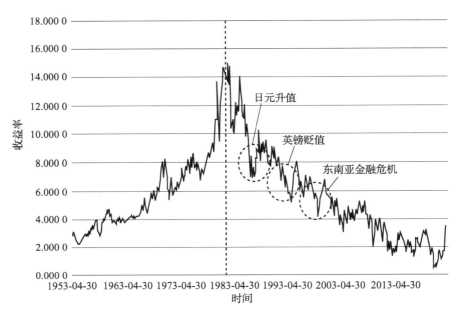

图 2-2  美国十年期国债收益率（二）

资料来源：彭博。

1980 年之后，量子基金连续三次重拳出击外汇市场，1985 年日元升值，1992 年英镑贬值，1997 年东南亚金融危机。索罗斯的操作一次比一次娴熟，一次比一次影响更大，最终震惊世界。

人们常常以为，索罗斯是以一己之力，在 1992 年逼迫英镑贬值并退出欧洲货币联盟，又在 1997 年掀起了席卷半个地球的金融海啸。这种观点过于戏剧性了，在历史上，他的实际作用更类似于一个"带头大哥"，他引导并放大市场上已有的、酝酿成熟的情绪。正所谓：因势利导。在金融市场上，任何个人都是非常渺小的。大家不必轻信什么力挽狂澜、点石成金之类的故事。

我们经常可以观察到这样的情况：一只股票的价格在高位盘整许

久，既没有向上突破的趋势动能，也没有足够强劲的基本面来支撑。那么对于市场多空双方来说，这只股票就像鸡肋一样，食之无味，弃之可惜。这时候就需要有一个人来充当杨修的角色，把这层意思给点破。情绪上一旦突破，价格的调整也就顺理成章了。在我看来，假如索罗斯扮演的是杨修，那么演曹操的又是谁呢？答案是实业资本。

在 1992 年英镑贬值之前，英国已经经历了较长时期的经济衰退和出口萎靡。而德国的制造业竞争力很强，如果不采取一些"非常手段"，英国实业将难以与之争锋。1992 年 2 月，《马斯特里赫特条约》签署，参与的国家结为货币联盟，相互锁定汇率。对此，当时英国国内就有不少非议的声音，许多欧洲大陆国家的银行都更愿意持有德国马克，不愿意持有英镑，更可怕的是许多英国国内的银行也这么想。

正是在这样的环境下，索罗斯大张旗鼓地对外宣布做空英镑。几乎没有一家金融机构胆敢跟他做对手盘，也没有哪家实业企业愿意持有更多的英镑，甚至还有许多机构跟风做空。所以索罗斯抛出的每 1 英镑，都可以化作 2 英镑甚至 5 英镑的压力，直接砸向了英国中央银行。最后形成的局面几乎就是：戍卒叫，函谷举，楚人一炬，可怜焦土。

二战之后，重建全球金融市场的基石是布雷顿森林体系。在这个体系下，各国的汇率都是由政府商议固定。实业资本只能遵循，不可置喙。20 世纪 70 年代，布雷顿森林体系日益瓦解。很多领域出现了权力真空，这是什么意思呢？就是说，政府已经无心或者无力去实施强制管理了，可是实业资本也没有足够的意志和实力把这个主导权接管过来。

因此，在 1992 年的英镑市场，1997 年的泰铢市场，我们都可以看到这样的现象：英国和泰国的政府官员还在口头上勉力维持着一个"固定汇率"，可是本国的企业和银行早就已经不拥护这个汇率了。在这些机构看来，追随着索罗斯一起做空，反倒是一桩稳赚不赔的买卖。即便索罗斯失败了，那么汇率也顶多是维持官方水平不变，它们也不会有什么损失。

如果我们从这个方面来看索罗斯，那么他显然也是一位洞悉世界潮流变化的弄潮儿。在 1980 年之前的 40 年里，资本不断地向这些国家的政府交权。在 1980 年之后的 40 年里，这些国家的政府不断地向资本交权。而索罗斯所做的事情，就是从中获利。索罗斯既为市场发声，为资本张目，也让自己勇立潮头，独领风骚。但是请记住，索罗斯他自己并不是潮，更不是能够左右趋势的决定性力量，只有时代才是。

## 波澜壮阔的 20 世纪 80 年代

改革开放是中国历史上的一件大事。不过在我看来，它也是人类通史上一个重大转折的组成部分，我把发生这个重大转折的历史时期称为"波澜壮阔的 20 世纪 80 年代"。在 1980 年前后很短的一个时期里，全球有一系列重要政治人物开始登上历史的舞台。1979 年撒切尔夫人出任英国首相，1981 年里根当选美国总统，1985 年苏联也更换了领导人。这几位政治人物的背景各异，结局不一，但是他们的主导政策却有一个隐约的共同点：追求效率。

追求效率可以有许多种表现形式。在欧美，它主要表现为减税、私有化和放松监管。在中国，它主要表现为自负盈亏、打破大锅饭和参与国际分工。追求效率当然不是没有代价的。事实上，无论西方还是东方，世界各国近 40 年追求效率的政策实践都造成了一定程度的贫富差距。这恐怕是由人类的本性决定的。除了少数英雄人物，对于芸芸众生来说，惰性是天然的。如果没有物质激励，就很难发挥出更高的效率。

另外，人类的自尊心又没法容忍较大的个体间差异。于是公平与效率就构成了一对人类社会的基本矛盾。如果完全失去了公平，社会稳定就没法保证；如果完全失去了效率，经济发展就无从谈起。从这个角度说，世界各国在不同时期的制度设计，虽然从标签上看大相径庭，甚至势不两立，其实都是在公平与效率之间做一个配比选择罢了。

为了更好地理解"波澜壮阔的 20 世纪 80 年代"，我们再来看看图 2-3。

图 2-3　美国十年期国债收益率（三）

资料来源：彭博。

美国十年期国债收益率被称为全球金融市场上最重要的单一变量。横向看，它的高低变化可以通过汇率市场而传导至全球，世界各国的利率都要受其影响。纵向看，它又是股票、债券、房地产和衍生品市场的定价基石。用"牵一发而动全身"来形容它的影响力，并不算夸张，所以我选择用它来代表整个金融市场的状态，与其他领域的变化相互印证。

在图 2-3 里，出现的是一个几乎完美的正弦波形态。而这个波峰的尖顶，正好位于 1980 年前后。在此之前，大约是为期 40 年的加息周期。这既与凯恩斯主义的政策主张相匹配，又反映了社会公平的要求。而在此之后，又大约是为期 40 年的降息周期。这与自由主义的政策主张相匹配，同时也反映了追求效率的要求。前后两个 40 年，再加上之前的两次世界大战。所谓世纪变局，其意义大体如此。

在西方国家，1980 年之前，人们更多地关注公平。年轻人的偶像是切·格瓦拉和马丁·路德·金这样的革命英雄。1980 年之后，人们更多地关注效率。年轻人的偶像变成了比尔·盖茨和埃隆·马斯克这样的商业巨子。1980 年之前，凯恩斯主义统治着经济学界。高税收、高开支、高赤字，总而言之就是没有政府不能解决的问题。1980 年之后，自由主义的大旗重新飘扬。低税收、低开支、保平衡，总而言之就是简政放权，以小为美。

今天的经济学家对凯恩斯主义的批评较多，但这较为不公平。政府一方面收税，另一方面投资，等于是代替企业行使事权，这当然有点奇怪。可是要知道，这个世界上本来并没有凯恩斯主义，还不是因为放任自流而造成了一个大萧条，然后才倒逼出了凯恩斯主义。纵观凯恩斯的《通论》，全篇都在为就业而呐喊。企业不开工，就不能提供就业，失业者就要揭竿而起。假如不能保证社会稳定，西方国家的各个社会阶层都会受损。甚至从机会成本来讲，富人的损失要远大于穷人。

企业不肯做的事，只好让政府来代替。这个道理似乎很通顺，可是仔细一想，难道企业家不够精明吗？他们怎么会不知道如何做才对自身有利？

大家都知道"三个和尚没水吃"的故事。当每一个微观主体都在片面追求自身利益最大化时，得出的安排往往是次优的。在现代经济学理论中，这个概念叫作交易成本。参与方多了，信息沟通困难，交易成本随之增大，这时候最好能够安排一个代理人统一进行事务处理，而这个代理人就可能是政府。

说到这里，我可以尝试性地给出一个预言。未来数十年，人们对自由主义的抱怨会越来越多，而对凯恩斯主义的厌恶则会越来越少。至于原因是什么？答案很简单：一切都是周期。

从图 2-3 上看，社会、经济和金融市场的转折点如此清晰，为什么我们平时感受不到呢？关键就是距离。正所谓：不识庐山真面目，只缘身在此山中。如果现在请你用鼻尖顶着电脑屏幕，你能看到什么呢？一堆亮点而已。只有拉开足够的距离，我们的眼睛才能看到图像。

由于地球自转和月球引力的作用，海水每天会有两次高峰。早上的称为潮，晚上的称为汐，合称潮汐。可是对于海里的小鱼小虾来说，潮汐的周期性变化是很难感受到的。毕竟绝大多数时间，海水不是持续涨潮，就是持续落潮，似乎总是朝着同一个方向运动。只有在达到顶峰的前后一小段时间里，潮汐转换的力量才会真正显露出来。

我希望通过阅读本书，能够让更多的人将眼光拉得更长远。如果你对此类跨界分析研究感兴趣，也欢迎参阅我的《文明、资本与投资》，那本书的内容可以与本书相互补充照应。

## 对于中值回归的朴素信仰

改革开放为什么能够成功？这显然是一个开放式的问题，不存在唯一的答案。不过我们这里想换个角度谈一谈。

中国历来都有所谓条条和块块的说法。所谓条条，就是贯穿中央和地方的业务线，比如，中央有教育部，地方有教育局；中央有生态环境部，地方有生态环境厅。所谓块块，就是在地方上划分相互同类的管理范围，比如说，这个省的全套机构设置，另一个省也有同样的一套。

在条条和块块的问题上，中国有两千多年的实践经验。比如汉朝以块块为主，唐朝条块结合，明朝、清朝则以条条为主。事实上，在这样超长时期的视角下，技术进步才是最大的解释变量。古代罗马帝国在这方面也有所积累，只可惜现在已经全部废弃了。这是一个很大的话题，我们就不展开了。

放眼世界，像中国有这么大面积和这么多人口，历史又这么悠久的国家，确实没有第 2 个了。因此，如果我们从时间上来看，更多是共性，那么我们从空间上来看，更多的将是个性。事实也已经证明，中国与苏联的改革启动时间相差不远，却终于殊途，主要区别就在发展空间上对改革进度的把控。

1949 年中华人民共和国成立之后，中国在外交上实施一边倒，同时也试图全面学习苏联的发展经验，但是很快就发现不对劲。1956 年，毛泽东发表《论十大关系》，并且明确指出："苏联方面暴露了他们在建设社会主义过程中的一些缺点和错误，他们走过的弯路，你还想走？"在中央与地方的关系上，他又说："我们不能像苏联那样，把什么都集中到中央，把地方卡得死死的，一点机动权也没有。"同时，他还提到："党中央办事，总是同地方商量，不同地方商量从来不冒下命令。"

从宏观上看，中苏两国基本面的差异是起决定性作用的。苏联国土虽大，但是纬度都很高，气候物产单一。中国国土的南北跨度大，物产较为丰富。苏联农业比较落后，经济结构以重工业为主，这里生产100个汽车底盘，那里就要生产400个轮胎，多一个浪费，少一个不行，因此适合推行一竿子插到底的中央计划经济。而中国则长期是农业国，各种作物水土互补，因地制宜，因此在发展方式的选择上就应该与苏联有所不同。

我们知道，从某种意义上来说，改革开放正是发端于田间地头。所谓家庭联产承包责任制，按照条条块块的视角，其实就是在大块块下面再划出一些有自主权的小块块，激发微观主体的积极性。这个经验很快就被复制到其他领域，全国上下掀起了承包的热潮。不仅企业与部委之间承包，中央财政与地方财政之间也承包。无论地方税收多少，缴纳完中央的定额，剩下都是自己的。这种财政包干的做法一直延续到1994年的分税制改革。

在改革开放之前，中国的银行业务属于财政体系的一部分。1978年，人民银行与财政部分开办公。1979年，中国农业银行和中国建设银行首先成立。1984年，中国工商银行成立。当时各家银行的总行与各省分行之间也实行承包制。

承包制当然有很多缺点，不过客观地说，当年这些问题并不突出。一方面是因为激发活力产生的正面效果太强，盖过了负面效果。另一方面是因为大量发行货币产生了高通胀，相当于不断摊薄存量问题。这样就算存在一些"地雷"，还没等到"爆炸"，事情就解决了。

从块块的视角看，承包制掀起的热潮犹如万马奔腾，势不可挡。从条条的视角看，改革的进程其实是相当谨慎的。如果没有块块的放松，人们的思维就难以开拓，社会气氛也无法活跃。如果没有条条的谨慎，改革进程又很可能变成休克疗法，欲速则不达。这就是条条与块块之间的辩证逻辑。

在计划经济下，企业的生产和投资要服从于计划，居民消费事实上也要服从于计划。根据官方统计，1976年全国职工年平均工资只有575元。但货币工资的多少并不能说明其实际购买力，况且当年消费还需要配合票证。事实上把票证额度消费完，就剩不下多少钱了，因此也不存在什么消费选择的问题。

这时候中国做了一个很重要的战略决策。在坚持企业生产不改变的情况下，先改变居民消费。一方面大幅增发货币，并且主要以提高工资的形式发到居民手里，另一方面逐步放开物价，取消票证。于是居民逐渐有了消费选择权，这就产生了好东西畅销，差东西滞销。不过，得益于当时的社会环境，差东西虽然卖得慢一些，但是也不至于完全卖不掉。

有人把推进复杂议程比作新手学打篮球。面对新手时，一开始不能把走步、盖帽这些犯规行为管得太严。吹哨太多，整个过程就会支离破碎，整合不起来了。我认为这种说法是有一定道理的。在经济学理论中，劳动力往往与其他资源一起被视为外生变量，然而现实中的人却是一个活物。他可能进步，也可能退步。当然一般来说，人总是在劳动过程中进步的，这也就是所谓的干中学效应。

从这个角度讲，改革初期一些表现较差的企业并没有立即得到市场规律的惩罚，这是可以理解的，就像我们不能在围棋启蒙班里进行淘汰赛一样。哪怕完全不顾及公平，哪怕只想选出最优秀的苗子，那么为了更好地达到这个目标，我们也不能急于求成。毕竟启蒙班里的胜负都是不能当真的，要允许棋手逐渐成长。

当然，这种对落后企业的宽容也不是没有代价的。这个代价就是居民的真实购买力被不断摊薄。那么为什么当年的中国居民愿意接受这个代价呢？索罗斯认为，公众对政府的信任，就像石油和黄金一样，也是一种资源。

沿用索罗斯的思路看，改革的过程是信任资源的使用，而改革成功了，则又能补充信任资源。那些效果立竿见影的方法就不说了，改革的真正难点在于，有时必须推行一些周期较长而且暂时看不到成功迹象的事情，这时就需要一个比较大的信任资源作为基础了。而中国政府恰好拥有一座信任"矿山"，这可能正是中国改革的成功难以在其他国家复制的根本原因。

事实上，中国社会各界对改革成功都有非常强的信心。举例来说，有这么一个修辞细节。海外媒体一般都说发展经济，它的潜台词是本来没有，凭空创造出来的称为发展。而在中国，我们常说的是解放生产力，潜台词是它本来就有，只不过需要在合适的时机释放，时机一到，它就会自动喷涌而出了。

如果你问，这种信心来自哪里？有什么科学理性的分析模型作为基础？那恐怕没有，它更像是一种对于中值回归的朴素信仰。首先，我相信这个古老文明生生不息的顽强生命力；其次，我相信中国已经走过了百年国耻的痛苦谷底。那么接下来，唯一可能的方向就是往上，这还有什么疑问吗？

## 要精打细算了

宏观经济学上有一个恒等式，叫作储蓄恒等于投资。为什么呢？从需求端看，人们要么消费要么储蓄。从供给端看，人们要么消费要么投资。于是将两边的消费抵消，储蓄等于投资。简而言之，凡是人们没有消费掉而储蓄起来的钱，要么他们自己投资了，要么存在银行里让银行代为投资了。

宏观经济领域里的各种条条，归纳起来不外乎两大类。一类与生产相关，另一类与消费相关。在当时，与消费相关的条条是首先放开的，与生产相关的条条暂时保持原有状态。既然存在储蓄与投资之间的恒等关系，那么改革的力量从前者向后者传导就只是一个时间问题。而在其间发挥关键中介作用的，正是银行系统。

具体而言，在改革开放的前一阶段，居民收入的不断提高主要表现为消费增长、物价提升。在满足消费之余，人们也有越来越多的闲钱需要储蓄。由于银行网点太少、操作不便，社会上一度出现"存款难"，许多人就把整捆、整包、整箱的现金带在身上，这也是改革开放初期的一道"景观"。

后来，改革开放顺势进入下一阶段。随着储蓄余额的增长，居民对投资的影响也逐渐加大。生产相关的条条指挥棒，也开始从财政部门转交到了居民手中。表 2-2 的数据充分体现了这一趋势。

表 2-2    1980 ～ 1995 年全国财政总收入与城乡储蓄存款数据

（单位：亿元）

| 年份 | 全国财政总收入 | 城乡储蓄存款 | 前者 / 后者 |
|------|----------------|--------------|-------------|
| 1980 年 | 1 159.9 | 399.5 | 2.90 |
| 1985 年 | 2 004.8 | 1 622.6 | 1.24 |
| 1990 年 | 2 937.1 | 5 196.4 | 0.57 |
| 1995 年 | 6 242.2 | 29 662.3 | 0.21 |

资料来源：姜建清. 中国大型商业银行股改史［M］. 北京：中国金融出版社，2019.

这一时期的投资主要是间接的，居民不能直接决定投资标的。可是利率高了，人们就多储蓄（少投资）一些，利率低了，人们就少储蓄（多投资）一些。这个总量上的因果关系还是成立的。不过请注意，这里说的是长期资金配置的变化。我们现在经常讨论的升息或者降息，指的是央行调节短期利率，从而影响金融市场上资产的价格。这两者是不一样的。就像学打篮球一样，居民要学会对利率杠杆做出合理反应，这需要一个过程。并不是简单说一声应该由居民指挥，然后把指挥棒塞到居民手里，居民就会指挥了。你看 A 股市场发展三十多年了，许多投资者直到今天都还在追涨杀跌呢。

1979 年拨改贷首次试点，1980 年扩大规模，1985 年在全国推广。什么叫拨改贷呢？就是把财政拨款改成银行贷款。这时还谈不上金融风险的问题，因为两者的区别主要是前者不计利息，而后者要计利息。我们前面介绍过，此时的好企业和坏企业都还没有生死存亡的担忧，只是好企业的产品周转快，坏企业的产品周转慢。这个快与慢，在拨款方面下没有区别，但是如果按照贷款计算利息，那就有区别了。

当时邓小平指出：国家分配资金不是好办法。今后可以搞银行贷款的办法，不搞国家投资。搞国家投资那是懒办法。贷款，要拿利息，他就精打细算了。这充分说明，在当时，一方面居民手里有钱想要投资，另一方面政府也觉得企业不好管，希望放手让第三方来进行约束。有供给，有需求，中国的商业银行从此应运而生。

## 成长的烦恼

自由主义经济学家弗里德曼有一条著名论断：所有的通货膨胀都是

货币现象。这话有一定道理，但在现实生活中，确实存在两种性质不同的通货膨胀。一种是供给型的，另一种是需求型的。简单地说，使用的货币量没变，购买的东西少了，就是供给型通胀。购买的东西没变，使用的货币量多了，就是需求型通胀。

比如，中东战争引发石油危机，就是典型的供给型通胀。新冠疫情期间海运受阻，美国从其他国家进口的基本生活用品价格暴涨，也属于供给型通胀。而在改革开放初期，中国经历的通货膨胀则是典型的需求型通胀。什么意思呢？虽然供给极大丰富，但是需求增加更快，由此产生了一定程度上的通货膨胀。

在高通胀的改革初期，商品销售是比较容易的。"顾客是上帝""微笑服务"这类的服务口号还未提出，哪怕是质量较差的产品，也顶多是积压一段时间，迟早是能够卖出的。这就好比在自行车价格的上涨周期内，品质较差的自行车一样能够卖出。

长久以来，经济学家始终为一些问题而感到困惑。为什么当年中国的储蓄率这么高？明摆着要受到通胀的侵蚀，为什么中国居民还是那么愿意存钱？这些问题可以有很多种解释因素，比如文化传统、人口结构等，这些都有道理。不过我觉得，有一个因素没有得到充分重视，那就是技术进步。

比如，在美国，收音机是20世纪30年代流行的产品，黑白电视机是50年代流行的产品，彩色电视机则是70年代以后流行的产品，但是在中国市场，这三种产品的流行被压缩到了短短十几年之内。对于中国居民来说，持币待购其实并不仅是选择价格，还是选择品种。本来为了买个黑白电视机，存了好久的钱，最后直接换成了彩色电视机。换句话说，通胀虽然是一个负担，但技术进步却是一项赠送的福利，所以居民并不为储蓄会贬值而感到焦虑。

居民不焦虑，企业就要焦虑了。我们前面说有些品质较差的商品不愁卖，那是因为这些商品没有明显的技术进步，但是对于黑白电视机来说，彩色电视机就是降维打击。这可不是通胀能够化解得了的。这个现象反映到财务上，就是大量、长期的存货积压。不是滞销几个月，而是一年两年、三年五年的积压，一直积压到东西都破损失修了，最后直接报废。

英语里有个词组 be on borrowed time，直译过来就是活在借来的时间里。它通常用来指代某种不可持续的状态，就像是旋转中的硬币，是正面朝上还是反面朝上，始终会有结果。

在改革初期，消费品短缺的市场环境下，所有的企业都相当于在上启蒙班，但不搞淘汰赛。哪怕有一些问题，也可以借助通胀来掩盖。可是当出现明显的技术差距之后，原有的模式就 be on borrowed time 了。

只要有优胜劣汰，就会产生一定程度的贫富差距。有的企业赚到盆满钵满，有的企业穷到揭不开锅。不过没关系，这个时候如果全国企业算总账，总的来说是大幅赢利，所以整个国家的经济都处在蒸蒸日上的气氛之中。

国家整体氛围向上，那么是谁存在问题呢？银行存在问题。上一节我们讲过拨改贷，财政拨款，也无所谓股权还是债权，这些都是国家的，但贷款则很明确是债权。那么在好企业那边，它赚得再多也与银行没关系。可是在坏企业那边，有一笔还不上那就是坏账。于是，在全国经济向好的宏观环境下，由于技术进步产生的结构分化，使得银行的坏账就渐渐积累起来了。

正常来讲，银行并不怕企业亏损。亏损只是一个流量概念，当成本大于收入时，亏损便产生了，银行最关心的其实是存量。只要资产大于负债，这个企业就有清算价值。简单地说，银行不关心企业是否亏损，它只关心企业的资本金是否充足。

然而现实问题是，当初拨改贷的时候，只是从现金流替换的角度考虑了，并没有从资产负债表的角度考虑过要给企业留资本金。从这个意义上讲，当年全中国的国有企业其实都是"无本经营"。

## 全国一盘棋

要说当年的国企都是"无本经营"，其实也不公平。因为那时候还没有严格的法人意识。企业的资产负债表关联着政府的资产负债表，只要财政愿意为企业解决，那么也就不存在无本经营的问题了。

然而这条路也不好走，在市场经济中，资金就是指挥棒。前面我们看到，改革开放十几年，财政收入原本是居民储蓄的3倍，后来变成了1/5。指挥棒已经交出去了，如果还想像之前那样大包大揽，恐怕也是力不从心了。

不过我们可以思考一下。以历史上积累起来的"信任矿山"做抵押，开支一笔巨额赤字，把所有国企的资本金全部补上。我猜测应该也是可以办到的。可是那么做的结果会如何呢？对于差企业来说，这当然是解了燃眉之急。可是对于好企业来说，这笔钱算怎么回事？超额效益奖金？要知道，当年还是承包责任制呢。

说到这里，就不得不提到承包经营的一个规则问题了。所谓承包，就是基数固定，多退少补。在"启蒙班"阶段，所有企业一起享受的是

"多退"，等到了"淘汰赛"才发现，"少补"根本办不到。况且，当年也没有那么多亿万富翁，寄希望于个人来填补企业账簿上的窟窿，补得上吗？所以在工业领域，承包责任制的活跃时间其实并不长。到 20 世纪 90 年代中期，问题就更加突显了。反而是在农业领域，承包责任制一直延续至今。有些人认为改革开放的经验就是块块切得越细，经济效率就越高。这实在是盲人摸象之论。

　　既然没有能力为企业解决问题，那就让企业破产止损？要是放到现在，银行一定会这样要求。可在当时，这样也是不行的。为什么不行呢？我们来看看图 2-4 和图 2-5。

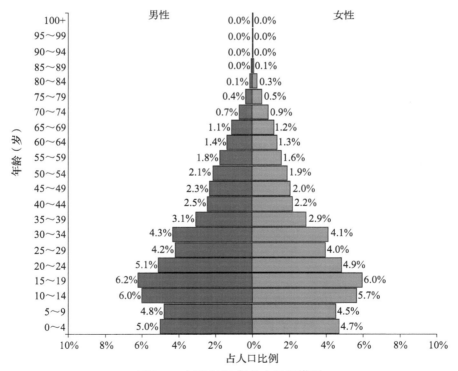

图 2-4　中国 1985 年的人口宝塔图

资料来源：www.populationpyramid.net。

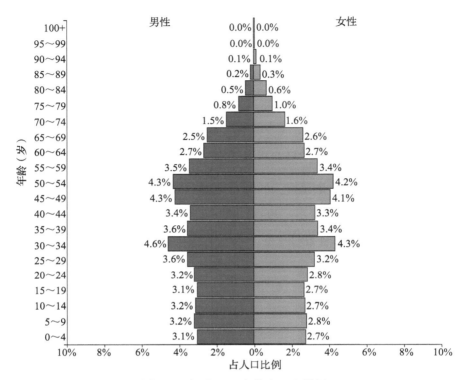

图 2-5 中国 2020 年的人口宝塔图

资料来源：www.populationpyramid.net。

在上面这两张图里，左边代表男性人口，右边代表女性人口。从下到上，每格代表 5 岁的跨度。最下面是 0 ～ 4 岁的人口比例，最上面是 100 岁以上的人口比例。因为它的顶通常都是尖的，形似宝塔，所以又称为人口宝塔图。

图 2-4 是中国 1985 年的人口宝塔图。我们看到它的基座有一圈异常之宽，也就是 10 ～ 14 岁以及 15 ～ 19 岁这两个年龄段的线条特别长。它意味着有巨大的新增人口正在或即将进入就业市场。

图 2-5 是中国 2020 年的人口宝塔图。35 年过去，当年 10 ～ 14 岁

以及 15 ～ 19 岁的人口对应现在的是 45 ～ 49 岁以及 50 ～ 54 岁，这两条线还是宽一些。不过总体上看，现在中国的人口结构比当年均衡多了。我认为，当今中国的人口更替确实值得关注，但是有些人过分夸大了这个问题，那也是夸张了。只要中国每年的新生儿总数仍然大于美欧之和，未来世界的基本格局就不会变。2020 年，美国和欧盟的新生儿数量都在 300 多万不到 400 万，而我们还在 1000 万左右。

大量人口嗷嗷待哺，着急等待就业，这时候怎么能关停企业呢？这可不只是经济领域的问题了，它还将对社会稳定造成影响。当然，如果按照企业该关照样关，失业人口全部由政府养起来的观点，这也是一种思路。可惜这种观点没有考虑到干中学的效应。

从新闻报道中，我们经常可以看到这样的故事：某位大佬年轻时曾在国企工作，不堪人浮于事，愤而下海，最终成就一番事业。同样的故事，有人认为国企无法充分发挥个人潜能，而我看到的是，假如没有国企工作的这一段经历，难道让他直接从街头或者田埂“愤而下海”？巴西、印度那么多街头田埂，怎么就没见有几人下海呢。

或者我们直接一点，不把国企当企业，就把它当成半工半读的“职业培训所”。那么为了解决这么多新增人口的就业问题，安排他们进入“职业培训所”，这样对长远的经济发展是不是有利一些呢？

既然要办“职业培训所”，那么有两个办法：一是给予企业财政补贴，保证正常向银行还贷；二是由银行来承担亏损。这两种办法如何取舍呢？

早年有一个说法，叫作全国一盘棋。它的意思就是要把各种领域之间的界线打破，统一调配资源，形成整体解决方案。比如，企业不只承担经济功能，还要承担社会责任，提供足够多的就业岗位。既然如此，那么企业改革的成本也就不能单纯按照经济规律处理，而要在全社会范围内进行分担。

然而问题又产生了，全国一盘棋的思路与当年效率优先的世界潮流有所出入，因此也有许多人质疑：所谓全国一盘棋，真的有效吗？请看下一章。

# 第3章

# 中国银行业走进公平周期

- 巴菲特曾经有过这样一番精彩论述。他认为，政府是企业的隐形小股东。持股比例约等于企业所有税的税率，无论公司的营业利润是多少，都得按照这个比例给它"分红"。而政府为了维护自己的那一份利益，自然也会尽心尽力地帮助企业发展。

- 美联储看跌期权可能已经被滥用，并且引起了道德风险，这是我们应当引以为戒的。但是如果有一天，中国的宏观经济面临严重衰退的威胁，社会公众可能遭受巨大经济痛苦的时候，我们是否能够寄托于"人民银行看跌期权"的保护呢？我相信是可以的。

- 说到与国家相结合，那么不外乎两种合作形式。一种是民营资本当大股东，由国家直接出资当小股东，或者国家仍然扮演隐形小股东的角色，但是运用政策工具加以扶持指引，比如机器人、光伏、电池、芯片等新兴产业。另一种则是由国有资本当大股东并且主持经营，允许民营资本参股进来当小股东，其中最典型的就是银行业。

## 隐形小股东

巴菲特曾经有过这样一番精彩论述。他认为，政府是企业的隐形小股东。持股比例约等于企业所有税的税率，无论公司的营业利润是多少，都得按照这个比例给它"分红"。而政府，为了维护自己的那一份利益，自然也会尽心尽力地帮助企业发展。

自古以来，政府的财力主要来自赋税权。没有征税能力的政府距离覆灭只有一步之遥，那么能否量化地估计出政府赋税权的价值呢？到目前为止，我还没有看到过这方面的严谨研究。不过沿用巴菲特的思路，我们很容易对企业所得税的价值进行一个大致的估计。

我们举一个简单的例子。假设企业所得税税率恒定在20%，那么一家营业利润100亿元的企业，将会报告20亿元所得税和80亿元净利润。无论将来利润总额增减如何，两者比例都将保持一比四。也就是说，股东每产生4元的利润，政府就会有1元的税收。

然后我们再假设，资本市场给这家公司的估值是1000亿元。从资产定价的角度理解，这1000亿元就是股东对未来预期收益的贴现。那么我们按照一比四的比例估算，就可以倒推出政府在这家公司里的赋税权价值应当在250亿元左右。

以上估算是非常粗糙的。虽然各国的税率税制各不相同，但是我们确实可以从上述分析中得到一点启示。一国政府的财务状况，是与管理下经济主体的财务状况正相关的。为什么叫正相关呢？这是一个动态概念。静态地看，国与民之间存在所谓的强与弱的关系，在一定程度上，这是与税率的高低相关的。动态地看，经济主体变富，国家也变富；经济主体变穷，国家也相应变穷，这个就叫正相关。这个关系，类似于大小股东之间的关系，既有相互争夺，又有同舟共济。

理解了上述概念，我们就没有理由怀疑，改革开放之后，中国政府的财力是快速增长的。哪怕出现一些财政赤字也没问题，因为无论是修路造桥，还是改善民生，都等于是放水养鱼。经济主体变得富有了，国家的财力自然也会水涨船高。现金流量表上花出去的，资产负债表上可以成倍地赚回来。从这个角度讲，政府预算管理的着眼点不应该局限于赤字是多少，而应当在于如何将有限的预算花得有效，花得划算。

如果在国际上横向比较，那么赋税权是世界各国政府都有的。此外，中国政府还有几项独特的资产：第一项，宪法规定城市的土地归国家所有；第二项，宪法规定自然资源归国家所有；第三项，大量的国有企事业单位资产；第四项我们还可以再加上所谓的"信任矿山"。如果把这几条都算进来，那么中国政府的财务状况可以说是坚如磐石。

同时我们也很清楚，20 世纪 90 年代，国有企业、国有银行、各级政府之间的财务都是互连互通的。从股权穿透过来看，这一切也都是国家的。夸张一点表达，这些完全可以合并到同一张财务报表里去。2005 年中国建设银行在香港地区上市时，还真的就有国际会计师事务所提出，中国企业之间的交易都是关联交易，这些都需要有信息披露。当然这有点不切实际，在现实中任何一家企业都不可能做到的。

按照全国一盘棋的逻辑，企业也好，银行也好，财政也好，它们都像是基金投资组合里的某只股票。如果整个基金的净值是大幅上涨的，那么其中某只股票的涨跌其实就没有那么重要了。

从当年的实践看，同一笔账款，可能是在企业账上，可能是在银行账上，也可能是在财政账上，这三者之间确实没有本质区别。具体如何处理，很大程度上取决于其他因素，比如国企改革的进度、通胀预期管理或者是国际舆论等。

## 凤凰涅槃

1998 年，为了在金融危机中树立良好的国际形象，中国在并未加入《巴塞尔协议》的情况下，主动向 8% 的资本充足率要求看齐。按照当时的测算，银行业原有资本充足率不到 3%，而要达到 8% 的水平需要补充资本金 2700 亿元。

按照官方媒体报道，此次注资是这样完成的。首先由中国人民银行宣布降准 5 个百分点。然后由财政部发行 2700 亿元特别国债，工、农、中、建四大行以降准释放的存款准备金认购。认购完成后，再由财政部向四大行增资，使其成为四大行的资本金。

上述过程的完成是多个部门相互博弈的结果，包含着许多政策和法律上的内容。不过如果我们不考虑国有单位之间的相互往来，就仅从最终结果看，这一轮改革的成本其实是中国人民银行增加了货币供应量。

1999 年，国家成立四家资产管理公司，分别对口收购四大行的不良资产共 1.4 万亿元,专业术语称为剥离。此次剥离采取 1∶1 原价收购,没有任何折扣。换句话说,在这个过程中,银行没有亏损,或者说只亏损了一些利息。反过来看,除非以财政做后盾,帮助它们把这些债务偿清,否则这四大资产管理公司肯定得亏穿底线。

根据事后统计,这批资产的实际回收率在 15% 左右。由此产生了大约 1.2 万亿元的潜在亏损,全都记在四大资产管理公司账上进行管理。而这四家的对外债务又是由财政做后盾的,所以既可以说它们是银行的政策工具,也可以说它们是财政的政策工具。实质上区别很小,这些都是国家的政策工具。如果不考虑相互往来,仅从最终结果看,这一轮改革的成本是中国人民银行以再贷款的形式增发货币约 5700 亿元,其余通过财政赤字解决。

2002 年,中国人民银行向国务院提出,希望再次按照 1∶1 原价剥离不良资产 9700 亿元。⊖不过,这个要求没有得到批准。

2003 年,中国人民银行经报国务院批准,成立中央汇金投资有限责任公司(简称中央汇金公司)。⊖中国人民银行通过中央汇金公司向银行注资,就不用经过财政部发行特别国债了。中央汇金公司在成立后,立即分别向中国建设银行和中国银行注资各 225 亿美元,共 450 亿美元。后来又在 2005 年向中国工商银行注资 150 亿美元,2008 年向中国农业银行注资 1300 亿元人民币的等值外汇。由于此类注资的载体是外币和黄金,而且有约在先不能立即兑换人民币,所以它既增补了银行账面上的资本,又不会在国内造成货币供应量的增加。这也算是倒逼出来的一种创新吧。

---

⊖　姜建清. 中国大型商业银行股改史[M]. 北京:中国金融出版社,2019:175.
⊜　姜建清. 中国大型商业银行股改史[M]. 北京:中国金融出版社,2019:225.

　　此外还有一桩具有历史意义的事件，那就是中银香港重组上市。当时的市场反应并不算热烈，其估值水平也低于汇丰银行和渣打银行，但是仍然超过了 2 倍市净率。人们突然意识到，不应该把银行当成不良资产的垃圾桶，银行是不断增值的，好好办，是可以为国有资产做出贡献的。

　　2004 年，中国建设银行开始股份制改造，并且准备上市。在财务重组过程中发现，将财政部原有的资本金全部用于冲销坏账，再加上中央汇金公司的新注入外汇，银行的账簿上仍然有 655 亿元的资本金缺口。这怎么办呢？最后想出一个办法，便是设立一块递延资产，这也是本章开头讨论的内容。财政部授予中国建设银行一个免税额度，这个额度当然是有价值的，它可以作为一项资产，那么把这块资产计算进来，资本金缺口就填上了。

　　2005 年，中国工商银行开始股份制改革。这次财政部取消了对原有股权的冲销，而是直接采用递延资产的办法。现如今，在中国建设银行和中国银行的股东列表里，只有中央汇金公司，而在中国工商银行和中国农业银行的股东列表里，中央汇金公司和财政部两者都有。

　　再往后，就是银行不断增值的时代了。不过客观地说，个人、单位层面的努力虽然重要，但是银行的经营业绩更多地与宏观经济的走势挂钩。2001 年中国加入 WTO 之后，银行业改革进行之时，中国经济已经走在了回暖的道路上，只不过人们普遍还没有感知到。

　　据时任中国工商银行行长姜建清回忆，在 2001 年金融工作座谈会上，朱镕基总理逐个询问四大行行长，有没有信心将不良贷款率下降 3 个百分点。问到他时，他坦诚回答做不到。最后工行只承诺下降 1 个百分点。实际上当年报表显示，不良贷款率下降超过 3 个百分点。

2002 年，中国人民银行向财政部提交了一份关于剥离四大行不良资产的报告。在那份报告里有一份测算，假设四大行新增不良贷款率为 5%，利润年均增长 10%，预计中国工商银行需要 10 年时间、中国农业银行需要 28 年时间才能将相应的不良资产消化完毕。

然而实际情况远比这个预计乐观。我们前面介绍过，2005 年中国工商银行进行股改时，使用了一块财政创设出来的递延资产，当时也称为特别共管账户。每年财政把收到的税款和应得的分红款项放进账户，结果短短几年就平账了。

关于中国银行业改革的这段历史，还有一段趣闻不得不提。2001年，国际货币基金组织（IMF）访问中国。他们的工作人员声称经过评估，认为中国银行业的不良贷款占到当年 GDP 总额的 45% ～ 70%。要知道在 2000 年，中国 GDP 刚好突破 10 万亿元人民币，他们的评估就等于是说中国银行业存在 4.5 万亿元到 7 万亿元的不良资产。<sup>⊖</sup>

这个数字是明显偏高的。因为 1999 年刚刚进行过 1.4 万亿元的剥离，而在 2002 年，中国人民银行未能成功的剥离计划是 0.97 万亿元，所以这个数字应约在 1 万亿元才是比较合理的。有研究按照后来最严格的标准估算，2001 年的不良贷款也不过 2.2 万亿元。无论怎么算，这都离 4.5 万亿元差得很远，更不要说是 7 万亿元了。

虽然 IMF 的估计明显偏高，但是这种估计结果给中国的国际声誉会造成很大影响。质疑中国银行业，进而质疑中国金融稳定，甚至质

---

　⊖　姜建清. 中国大型商业银行股改史［M］. 北京：中国金融出版社，2019：160.

疑中国经济前景的舆论一时甚嚣尘上。这又反过来，促使中国政府下定决心，更加坚定地推行银行业改革。

这次，中国其实没有什么损失，IMF 也没有什么损失。谁有损失呢？是那些真正相信了谣言的人。从 2005 年起，四大行相继上市，受到资本市场的热烈欢迎。2007 年市值攀至顶峰时，申万银行业指数市净率超过 7，随后在 2008 年跌到谷底时，指数市净率仍然有 2 倍之高。

国家资本增值了，当初那些相信了谣言的人也不好意思再发表什么意见，但是他们可以把矛头对准其他受益者，比如外国战略投资者。在几家银行的股改过程中，均引入了海外金融机构作为战略投资者。请注意，战略投资者不是财务投资者，他们不只是通过短期持有股票而赚钱的。股改的几家银行还要在内部管理和各个业务条线上进行相应调整，才能满足战略投资者的条件。更何况，这些战略投资者的入股价格，没有一家是低于 1 倍市净率的，只不过这些战略投资者的眼光准加上市场环境好，两三年时间就翻几番了。

从 2006 年到 2012 年左右，关于国有银行资产被贱卖给外国人的说法，以及由此衍生出来的各种阴谋论与日俱增，甚嚣尘上。后来由于银行股的业绩急剧增长，而股价增长缓慢，于是银行股的估值渐渐回落到 1 倍市净率以下，此时就再也没人重提贱卖了。

我有时会想，假如将来出现了银行股的估值修复甚至是系统性重估，此后的人们又会如何看待今天的市场估值呢？

## 四元模型

回顾中国银行业的改革历程，其中很明显地包含着以财政为后盾的预期。正因为有此预期，所以在 1998 年注资时，国家是十分认真地按照资本充足率 8% 的目标来进行的，当时的计算是只差 2700 亿元而已。因为按照以财政为后盾计算企业资本金不足的情况，坏账确实只有这么一点。

也正因为如此，1999 年四大资产管理公司才会愿意按照 1∶1 的原价收购不良资产。这样就等于是间接的以财政为后盾，避免了银行坏账的出现。

那么为什么后来财政又改变之前的政策了呢？在我看来，主要原因是为了给国企改革让路。当年的国企改革牵涉职工 3000 多万人，买断工龄、下岗安置、就业培训、民生福利等，这些都对地方财政形成了巨大压力。地方政府这方面的能力有限，所以最后只能把这个问题上交给中央来解决。

中央政府是有一整套政策工具的，财政只是其中之一。经过一系列操作，整个经济改革的成本最后其实是由全社会分担的。

说到这里，我们可以把条块纵横的四个实体放在一起，组成一个四元结构的经济模型。在这个模型中，企业是冲在最前面，最直接面对经济周期，在企业之后是地方政府，在地方政府之后是银行系统，在银行系统之后便是中央政府。

如果把这四个经济部门的财务状况比成四种不同的权利义务组合，那么企业的财务状况就类似于股权投资，经济景气时收益高，经济危机时损失大。地方政府的财务状况类似于准股权投资，其特征与股权投资类似，但是波动幅度会小一些。正如我们前面解释的，政府是企业的"隐形小股东"。

银行系统的财务状况类似于债权投资,除非经济周期向下突破一定限度,否则它的收益是相对确定的。中央政府的独特之处在于它所拥有的铸币权,铸币权的使用成本或收益都由全体货币持有人分担,这一单元的设置是针对中国等大国来说的。对于那些没有实际铸币权的国家来说,它们的模型就只有三元,而不是四元了,如图 3-1 所示。

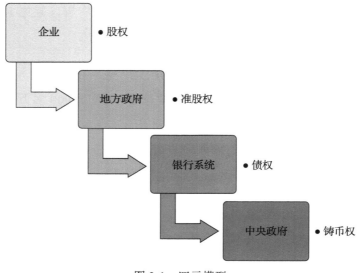

图 3-1　四元模型

资料来源：作者自制。

通过这个四元模型,前述银行业改革的进程逻辑就很容易理清楚了。在改革开放之初,企业就一直是"无本经营",所以当受到负面冲击的时候,企业的资产负债表最先受到冲击,形成企业坏账和员工失业。按照一般原则,这时候应当由地方财政出面承担社会成本。后来由于民生压力加大,地方财政也无力负担,坏账随之传导到银行系统。

银行系统本来可以起到一个丰歉调节的作用。可是当时出现了经济增速放缓,银行系统的资产负债表最终也受到了影响,于是就只能有助于中央政府了。中央政府综合财政和货币政策，适时动用铸币权，将改革成本分摊至全社会，最终带领全社会共同解决了这一问题。

## 往事不会重来

中国银行业改革的历程虽然是大团圆结局，但是过程十分惊险。今天的投资者们回想起来可能会感到后怕，像这样连续击穿企业、地方政府和银行系统的经济冲击，会带给我们什么样的思考？我们可以透过上述四元模型来考察这个问题。

首先，企业"无本经营"的问题已经不存在了。这个问题本来就是在改革过程中遗留下来的特殊情况。目前中国已经加入《巴塞尔协议》，银行业经营严格参照国际标准，对于企业财务指标的监控是相当严格的，无本经营的企业根本不可能得到银行放贷。

从企业性质上分，目前中国银行业贷款流向国企和民企的大约各占一半。银行对民企贷款的执行标准一般比较严格，而银行通常更担心国企的偿债能力。但是根据财政部的统计，全国国有企业的利润总额和盈利面（盈利企业占全部企业之比）连续十几年都是上升的。

推动国企经营改善的主要原因有两条。一是经过改革，国企与民企犬牙交错相互竞争的领域已经不多。在各自的主导行业内，国企和民企的经营环境都已相对稳定。二是由于地方政府财力逐渐增强，能够给予地方国企土地、税收、政策等多种支持。

总而言之，今天中国企业以自身资本金吸收损失的能力充足，完全与世纪之交的情况不可同日而语。

在第二模块中，地方政府的财力远远强于 20 年前的水平。为什么呢？主要原因在于土地。我们知道，土地是目前地方政府的主要财源之一，但在 20 年前并不是这样。因为土地整理的成本是相对固定的，所以地价越高，土地的资源属性就越强。粗略地讲，每亩价格在 100 万元以上的土地才能称为资源，低于这个价格的土地就不能称为资源，以这一标准来看，沙漠就不能称为资源。

20 年前，中国广大县域土地基本上都不能称为资源，而现在则可以称为资源了。从这个意义上讲，土地价格稳定，地方财政就稳定。土地出售量暂时跟不上，可以先通过发行债券预付开支。

这里还有一个问题值得讨论。世纪之交，中国的企业群体还是以国企为主。地方政府作为法律意义上的股东，肯定要比银行系统更加直接地承受经济波动。可是在今天的企业群体中，民营企业已占绝大多数。地方政府作为民营企业的"隐形小股东"，它们是否仍然会在银行之前吸收损失呢？

我认为这个命题在很大程度上仍然是成立的。地方政府也许不会去保护每一家私企，但是私有企业作为一个整体以及部分龙头企业是肯定要保护的。因为保护它们，就是保护税收和就业。

这一点在债券市场上就看得很清楚。哪个地区的企业债违约了，这个地区的政府就会面临巨大的刚性兑付压力。反过来，只要这个地区还有财力，它就一定会尽量避免本地企业逃废债。正因为如此，投资机构在考虑债权价值的时候，都会把所在地区的财力考虑进来，将其视为一个加减分项。这是完全合乎中国经济现实的做法。

在上述四元模型中，银行系统主要是指几家国有银行，它们的资本实力比当年强大得多。这一点毋庸置疑，正如经济强省的银行资产质量较高一样，由于国有银行的资产是全国分散的，所以只要全国经济大盘整体是稳定的，国有银行就没有出现大面积坏账的风险。

至于中小银行和地方银行，因为它们的业务比较集中，不容易享受到分散投资、降低风险的益处，同时也没有系统重要性，所以它们在一定程度上更容易遭受损失。对应到四元模型中，它们吸收损失的排序应该稍前一些，大概应与地方政府相当。

如果某家机构只牵涉到局部利益，那么它就有可能在必要时被牺牲掉，但是如果一家机构牵涉到全局利益，那么它就必须得到救助。规模大小是一个定量问题，而是否存在系统重要性则是一个定性问题。哲学上讲的量变导致质变，就是这个意思。

作为四元模型的最后一元，中国中央政府的财力也已今非昔比，其中最重要的就是拿到了几乎完整的铸币权。在前述银行业改革过程中，有一个细节大家可以回想一下。中国人民银行在 2004 年才推出了自行以外汇注资的创新方案，为什么早几年不这样实行呢？因为 2001 年加入 WTO 之后，中国的外汇储备才开始持续快速增长，几年后才真正达到了雄厚的地步。

仅就货币银行学理论而言，任何国家都可以无限发行主权货币，但不具有实际操作性，主要是汇率原因。因此，哪怕没有金本位的约束，世界各国在发行货币时，都不得不考虑汇率因素。在汇率不支持的时候，各国也不敢多发行货币。

人民币现在是强势主权货币，特别提款权（SDR）的第三大成分，仅次于美元、欧元，每年还有数千亿美元的贸易顺差支持其汇率。过去 10 年，人民币对欧元、日元一直保持升值态势，对美元则保持相对稳定。人民币也一直是新兴市场货币中的超强品种，因而与其他发展中国家相比，中国在这方面等于是少了一道束缚，多了一块资源。

在四元模型中，中央政府是作为最后一道防线存在的。不过，这并不意味着必须要等到危机击穿前三道防线之后，中央政府才会被动出手。事实上，自世纪之交以来，中国经济已经经受住了多次冲击的考验，包括2008年全球金融危机、2020年新冠疫情危机等。在中央政府的有力调节下，这些危机几乎都被控制在了企业层面。地方财政并没有感受到明显冲击，银行系统的安全性就更不用说了，过去十几年银行业持续增长的净资产和净利润就是这样产生的。

按照银行业惯例，我们在分析完大概率情况之后，还要再做一个压力测试。假设在极端情况下，经济危机连续击穿了企业、地方政府和银行系统的资产负债表，那么当中央政府出手救助银行系统的时候，我们这些小股东的权益还能得到保障吗？关于这个问题，我们也是有历史案例可以借鉴的。

在当年交通银行股改之前，它的许多分支行都是独立法人，这主要是为了调动地方积极性，引入了各地机构参股，从而形成了一个非常复杂的小股东群体。那么在财务重组时，理论上应该所有股东等比例冲销坏账，但是由于沟通成本太大，股改又需要按进度执行，最后采取了小股东不冲销，改革成本主要由中央财政承担的办法。具体而言，就是财政部把原本的赋税权创设成了递延资产，注入交通银行，与其他小股东分享。因此交通银行小股东的权益非但没有受到损失，反而获得了改革红利的额外增值。

当然，交通银行股改的案例是非常独特的。我们无法保证将来这种现象是否还会重现，但是从"信任矿山"的角度讲，中央政府是有动机保护小股东利益的。因为凡是在最艰难的时刻仍然选择与中央政府站在一起的小股东，中央政府有什么理由要让他们伤心失望呢？

中国"信任矿山"的运行逻辑跟西方党派政治的情况完全不同。中央政府跟地方政府尤其是低阶组织的行为逻辑又不相同，而且国有银行的小股东比例很低。如果按照冲销再注资的流程进行，主要成本还是在中央政府的财务报表上进行调整，这样做就更没有必要了。

痛定思痛，痛何如哉。中国银行业就像一只浴火重生的不死鸟，只经过短短数年时间，就从"技术性破产"一跃成为增值重项，这是人类发展史上的奇迹。无数银行从业人员播撒的辛劳汗水理应被铭记，但是我们也应当客观地看到，与涉及数千万下岗职工的国有企业改革相比，银行业改革的困难程度也就是笔头一动而已。

实体经济的改革成功了，银行业的改革就不可能不成功，甚至可以说是水到渠成、唾手可得。但是，如果实体经济的改革不成功，银行业的改革有可能独立成功吗？我相信是不可能的。

对于宏观经济来说，银行具有特殊的系统重要性。宏观经济强，银行则强；宏观经济弱，银行则弱。宏观经济弱而银行独强的可能性是不存在的，当然，也没有宏观经济强而银行独弱的道理。

## 社会责任谁承担

众所周知，资本与劳动之间是博弈关系。因此，企业追求利润最大化与保证就业之间是一对矛盾关系。从更高的层次看，它们也可以被视为公平与效率永恒矛盾的一种体现形式。20 世纪八九十年代的主流意识认为，当时经济发展设计的核心就是帮助企业追求利润，就业情况应当服从于提高效率的需要。在其他国家的历史上，里根政府的去监管化，撒切尔政府的私有化改革，也确实是按照这个方向做的。

上述想法第一次遭受重大冲击是在 2008 年。次贷危机爆发之后，美联储迅速大幅降息到 0% 附近。美国财政部则强制各大金融机构以及通用汽车等大型企业接受政府注资，从而直接持有它们的股权。与此同时，欧洲和日本也都推出了史无前例的救市政策。

在全球金融危机期间，西方各国采用了一系列强力干预市场的手段，其目的就是为了减轻大规模失业给社会公众造成的痛苦。这个选择当然不能算是错误的，但是确实有悖于此前数十年的理论和实践，在金融市场和学术界都引起了很大争议。

上述想法第二次遭受重大冲击是在 2018 年。特朗普政府强行向世界各国挑起贸易争端。其中单方面对中国商品加征关税，涉及商品价值超过 3000 亿美元。特朗普政府的战略意图是很明确的，打击其他国家对美国的出口，促使就业机会回流美国。这个意图获得了大量美国民众的支持，同时又对自由市场和效率优先的理念造成了严重的打击。

事实上，美国一直是西方世界最为信奉自由贸易的大国，而欧洲则以环保、产地、技术标准等非关税壁垒干预贸易著称，所以美国的这一转向特别具有风向标的意义。就在特朗普政府挑起贸易争端之后的几个月，日本也对韩国跃跃欲试了。

上述想法第三次遭受重大冲击是在 2020 年。新冠疫情暴发后，欧美各国面临陷入严重经济危机、社会危机的可能。此时美国抛出巨额财政赤字，同时美联储开启大水漫灌模式，甚至破例开始收购垃圾级企业债。美国所做的这一切，表面上是为了减轻公众的痛苦，但代价是什么呢？无论是财政给企业注资，或是将关税政策武器化，还是运用铸币权增发货币，这些政策实质上给全球各国社会带来了巨大的成本，干扰了全球市场的自由运行。

当然这里有一个公共产品内部分配的问题，也就是所谓的 1% 和 99% 的关系问题。事实上，此类重大事件的处理逻辑跟国家间竞争是很相似的。竞争的成本会有内部分配问题，从竞争中受益更多的是一批人，承担成本更多的往往是另一批人。任何国家都会强调，在竞争中要避免内斗，一致对外。最近几年一些西方国家的政客尤为如此，非常喜欢以国家安全说事。

在一些西方国家，为了实现某个特定的社会目标，宁可增加一些成本，牺牲一点经济效率。在未来，这种思维方式很可能会蔓延到越来越多的领域。只不过世界潮流的这一重大转折，许多人从情感到理性都还不太适应。

有趣的是，当年特朗普政府在产业政策、影响汇率和强制技术转让方面指责中国，后来竟然变成了美国向中国学习经验的主要方面。在特朗普任期内，威斯康星州以低价土地和税收优惠为条件，引入富士康投资，整个过程与中国地方政府招商引资全无二致。后来美国各州之间都爆发了更大规模的招商竞争。

由于美元的国际储备货币的地位，美元汇率本身很难操纵，但是特朗普政府一再以汇率操纵国的罪名威胁贸易伙伴，要求它们对美元升值，这就是一种变相的操纵。另外，美联储一直在进行大规模量化宽松，它直接持有的长期国债超过整体存量的1/3。<sup>⊖</sup>这也是对长期利率市场的操纵，按照自由主义的传统观点是不能被允许的。

强制技术转让的案例则发生在拜登政府执政期间。美国以国家安全为名，强制要求三星、海力士等企业在美国境内建立先进的芯片产能。同时，美国还要求它们不得在中国投资建立先进产能。相对而言，中国从来没有这么强硬地对待过外资企业。

总而言之，即使是在纯粹的日常经济活动中，美国政府在扮演越来越"重要"的角色，俄乌冲突中的欧洲也是这样。这样做的理由当然不是为了提高经济效率，而是宁可降低一些经济效率，也要达到某种其他目的。

在金融领域，美联储动用公共资源干预市场的行为早就引起了华尔街人士的注意，他们将其戏称为"美联储看跌期权"。也就是说，金融市场的参与者可以享受全部的上涨收益，却只要承担部分风险。因为当市场下跌到一定程度的时候，美联储就会出来兜底，替大家买单，这极大地助长了市场参与者单边做多的情绪。2009年至今美国股市几乎走出了十几年笔直向上的大牛市，美联储看跌期权的作用可谓厥功至伟。现在的主要问题是，这一机制是否已被滥用？我们将在后文中进行讨论。

在上一章中，我们回顾了世界潮流的百年变迁。从二战到20世纪80年代，大约是40年时间。从20世纪80年代到今天，又大约是40年时间。人们的关注点从公平转向效率，现在又逐渐从效率转向公平。

为什么会出现这样的转变？我们很难将世界潮流归因于某一时、某一地的某一人物或者事件。辩证法认为，事物的发展本身就包含着自我否定的因素，所以时代转折的力量往往是由正反两个方面的变化共同促成的。

---

⊖　彭博金融终端可查。

　　一方面，欧美国家贫富差距空前拉大，社会流动性下降，低收入群体很难再奢望能够通过个人奋斗改变命运。另一方面，全球化带来的效率提升正在边际递减，科技进步对人类生活质量的促进也不像过去那么显著。前者使得人们追求公平的意愿变强，后者使得人们追求效率的意愿变弱，而且这两个因素之间还在相互强化，互为因果。

　　从理论上讲，整个经济学发展都是建立在理性人的假设之上的，但是现实生活中的人类行为却越来越偏离"经济理性"。那么在这种情况下，如果我们不能与时俱进的话，就会发现我们越来越看不懂这个世界。

　　更直白地说，在微观上，普通人努力奋斗的根本目的，就是为了有一天不再需要如此努力，能够用奋斗得来的财富去换取享乐、尊重或者其他东西。而在宏观上，国家的经济发展水平不断提高，意味着经济进一步发展的空间逐渐缩小，战略目标的取舍逐渐倾向多元化，而这种周期性的规律是不以任何人的意志为转移的。

　　在新的世界潮流之中，公平优先被视为一种社会责任，其内涵包括但不限于化解经济危机，保证充分就业，实现国家发展安全，等等。那么这种社会责任的成本应该由谁来承担？

　　当然，政府肯定是社会责任的第一责任人，但是政府的财力从哪里来？如果单纯依赖政府机制，那么最终解决问题的办法可能就是全面高税收、高福利、低效率，甚至有可能重回计划经济。俗话说，羊毛出在羊身上。形式上，我们也许能够呼吁政府为某一事件买单，但是实际上，它的最后承担者大多是社会公众。

　　那么有没有可能折中一下，让企业也承担一些社会责任呢？近年来，欧美一些国家提出要从股东资本主义（shareholder capitalism）转向利益相关方资本主义（stakeholder capitalism）。它的核心诉求就是让企业承担更加广泛的社会责任，而不再只是单纯地追求股东回报。

在中国，许多人沿用原有的思路来看待社会责任，他们认为，纯粹追求利润是民营企业的特权，而承担社会责任的义务只应落到国有企业头上。然而最近几年的发展趋势已经明确，承担社会责任的原则应该是：能力越大，责任越大。只要企业规模足够大，可以对社会公众造成广泛影响，那么无论它是国企还是民企，无论它在哪个行业，都应该承担相应的社会责任。从这个角度讲，资本市场因为社会责任义务而给包括银行在内的大型国企提供折价是没道理的。

事实上，对于中国发展来说，维护公平并不是单纯的分蛋糕，它同时也是为更好地做大蛋糕创造了社会条件和经济条件。因此从全局上看，现在花出去的未必是成本，而很有可能是能够产生未来收益的投资。这就是所谓的放长线，钓大鱼。

但是，这里又存在一个收益机制的不对称性。对于某些细分行业的巨头来说，承担社会责任可能主要体现为成本无法收回。只有那些能够从长期宏观经济景气中得益的行业，才能够真正抓取到未来的回报。其中，最典型的就是银行业。

通用汽车的创始人杜兰特曾经有一句名言：凡是有利于美国的，都是有利于通用汽车的；凡是有利于通用汽车的，也必定是有利于美国的。他说这话的时候正好差不多是一百年前。当时美国正是世界第一大工业国，汽车又是工业中的第一大行业，通用汽车则是汽车行业中的头部企业，难怪他有此言论。即使如此，当年通用汽车的宏观地位，也远远不能与今天中国的几大银行相比，毕竟银行是具有特殊系统重要性的。如果我们静态地看待银行让利，当然是少了一块利润。但是动态地看，那就是"放水养鱼"。

我们并不是主张银行业暴利，长期看，银行的净资产收益率应当与全社会平均水平接近，但是根据银行业自身的经营规律，银行是存在规模效应的。国际经验也证明，大型银行的经营业绩通常好于小型银行的平均水平。因此，如果银行业全体的净资产收益率与全社会平均值持平，那么大型银行的业绩则有望保持高于全社会平均水平。

当然，随着中国经济的发展水平日益提高，宏观经济增速也将保持平稳。而如果全社会的平均赢利能力都在上升，那么大型银行的赢利能力也将随之上升，两者为正相关的关系。图 3-2 显示了 A 股上市银行净资产收益率与名义 GDP 增速、M2 增速之比，数据可供读者们参考。

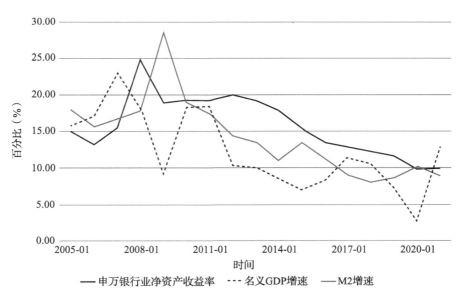

图 3-2　A 股上市银行净资产收益率与名义 GDP 增速、M2 增速之比

资料来源：万得金融终端。

那么接下来就是估值理论探讨了，对一项赢利能力高于全社会平均

水平的资产，为什么要给予它低于 1 倍，甚至低至 0.5 倍市净率的估值呢？这或许是一个值得深思的问题。

## 全球化之辩

　　过去三十年，有一个热词叫作全球化。图 3-3 显示了全球进出口总额与 GDP 之间的比例变化，从中可以发现，从 20 世纪 70 年代以来，全球贸易与 GDP 比值的大方向是提升的，尤其是 90 年代以后出现了加速上升。这说明各个国家之间的相互连接正在变得更加紧密。而在 21 世纪的第二个十年，这个比例开始进入振荡区间。其中的最高峰，就出现在 2008 年，也就是发生国际金融危机的那一年。自那以后，各国的贸易和 GDP 都还有所增长，但是贸易的增长相对较慢，这说明各个国家之间的相互连接不如之前那么紧密，也就是所谓的全球化"退潮"。

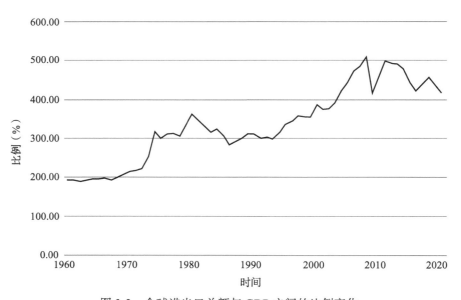

图 3-3　全球进出口总额与 GDP 之间的比例变化

资料来源：万得金融终端。

为什么会出现全球化"退潮"？解释多种多样。很多说法都与国际政治等议题相关，存在越描越复杂的情况。

当然，也有很多人不同意全球化"退潮"的说法。其中最有力的反驳是，全球化本身就是由技术进步推动的。地理大发现是最早的全球化，然后是火车、电报、飞机和互联网。只要这些物质基础还在，全球化就是不可逆转的。

在我看来，前一种说法有一定道理，但是高估了所谓的战略性。真正的逻辑链条是这样的：由于发展中国家的劳动力进入国际市场，大量欧美资本转而与之结合，体现为产业链和就业岗位向发展中国家的转移。于是发达国家实体经济出现空心化，体现为贫富差距拉大，社会矛盾激化。随后反映到欧美国家的选票政治上，产生了甩锅需求和树敌需求，最后才落实到所谓发展中国家的战略威胁上面。

沿着这个逻辑链条梳理下来，我们就会发现，如果这个发展中国家是东南亚、拉美或者东欧某国，那么结果不会有质上的区别，而顶多是有量上的差距。西方国家的实体经济还是会出现空心化、贫富差距、社会矛盾等后果，一个问题都不会减少。

就像金融市场的无套利原则一样，同质化的劳动力，在全球化的市场上就应该享受同样的价格。加利福尼亚州的码头工人凭什么年薪 15万美元？除非全世界的码头工人都拿这么多，否则它就不合理，它就要失去竞争力。特朗普对中国挑起了空前规模的贸易竞争，结果并没能吸引实体产业回归美国，而仅仅使得产业链略微向东南亚转移，这就很能说明问题了。

技术进步驱动全球化的观点更加符合长期历史规律。比如在中国春秋前期，普遍实行的是井田制。所谓井田，就是把一块大田按井字的结构划成三纵三横的九份土地。周围八块的产出由各家农民分配，中间一块的产出作为赋税上缴。那么在这块大田之外的土地怎么处理呢？其实并不做处理的，而是作为荒地由"野人"占领。所以在这个时候，诸侯的领地是点状分布的。当金属农具普及之后，拓荒耕种能力得到极大的增强，"野人"的土地也都可以开垦了。于是各国的领土开始连成片，井田制逐渐退出历史舞台，诸侯分封转向设置郡县。一时间群星璀璨，纵横捭阖，最终走到了秦朝的大一统。

中国历史上的春秋战国，其实可以算是一个微缩版的全球化预演，所以我相信"天下大同"，这将是历史发展的最终方向。只不过这个过程可能要很长的时间才能完成，我们现在没必要做过多的设想。

我在这里想要强调的是，全球化应该是一个中性词，它反映的是各个部分之间相互影响的力度和频率。而这些影响可能是愉悦的，比如贸易、文化和技术交流，也可能是痛苦的，比如战争、压迫和流亡。

比如，当年汉武帝北征匈奴，引发了游牧民族大规模西迁，形成了具有明确历史记载的第一次东西方文化大交流。我们要用这样的视角去看待全球化，很多问题就释然了。

国际货币基金组织（IMF）有一个基于购买力平价的世界各国 GDP 长期估计，根据他们的测算，1995 ~ 2021 年，所有新兴国家加在一起，它们的购买力平价 GDP 从占全球 42.3% 上升到了 57.9%，升幅超过 15 个百分点。其中中国的全球占比从 5.8% 上升到 18.6%，贡献了将近 13 个百分点。东盟从 4.8% 上升到 5.5%，贡献了将近 1 个百分点。波兰、匈牙利、捷克、斯洛伐克等 8 个东欧国家合计从 2.8% 下降到 2.6%，而俄罗斯则从 3.4% 下降到 3.1%。

上述数据证明了 21 世纪是亚洲的世纪。但是在 20 世纪 90 年代，人们可不是这么想的，至少东欧和俄罗斯的人民不是这么想的。他们普遍认为，结束冷战将会使他们的经济水平迅速接近西欧发达国家。当年很多社会、政治、军事层面的操作，都是根据这个经济预期去安排的。

现在这个预期落空了，那些默认的状态当然都要重新讨论。这就好比两人谈恋爱，如果是奔着结婚去的，那么很多事情都可以不必细算。但是如果没希望了，或者干脆分手了，那么很多事情还能照旧不变吗？

其实整个世界市场能够支撑的就业机会是定量的，流向亚洲的多了，流向东欧的肯定就会相对少一些。亚洲的经济发展居然能够影响欧洲的政治格局，这恰恰是体现全球化巨大威力的一个现实案例。

再补充一个案例。2022 年四五月，上海经济受到新冠疫情的影响，许多价廉物美的中国商品因此不能顺利出口。此时的美国正在近 40 年来最高的通胀水平中煎熬，美联储也正在为加息进度举棋不定。美联储的顾虑是什么呢？如果通胀主要是需求端引起的，那么加息是正确的解决方法，力度可以快一点、大一点。但是如果通胀主要是供应链失灵引起的，那么加息就只能起到侧面作用。结果这么一犹豫，美国 6 月的通胀水平再创新高，逼得美联储不得不补下"猛药"。你看发生在一个城市的事件，却影响了美联储乃至全球金融市场的预期，这在 10 年前甚至 5 年前都是无法想象的事情。

## 寻找新市场

从历史高度看，那些相信全球化"退潮"的人，其实还是偏乐观了。全球化本身不会退潮，只不过它完全有可能从一个愉悦的高潮转向一个痛苦的高潮。当然，我们所期待的全球化，肯定还是愉悦的全球化，而不是痛苦的全球化，为此中国一直在努力。

2008年中国对外坚决持有美国两房债券，对内发动4万亿基建计划，为世界经济复苏立下汗马功劳。2013年中国提出"一带一路"倡议，从此中国进入了全球开发性投资主导国行列，国家开发银行和中国进出口银行两家的相关贷款金额连续多年超过世界银行。2008年中国与东盟的贸易额只相当于中国与美国贸易额的70%，2021年这一比例已经反超到116%。可以说，今天中国的第一大贸易伙伴关系，就是当年"一带一路"倡议结下的硕果。

事实上，自2008年之后，中国的劳动力价格就一直在上升。刘易斯拐点<sup>⊖</sup>、人口红利逆转、外资撤离、产业转移等不利言论从来就没有停止过，但是中国外贸的全球占比却是一路攀升的，这不得不说是一个奇迹，如图3-4所示。

侦探小说里经常提到一个逻辑：谁受益，谁就有动机。中国是经济全球化的最大受益者，当然最有动机去维护这个趋势。几乎所有的中国企业家也都希望主导过去40年的世界潮流能够继续下去。然而现实是不以人的意志为转移的，推动全球化愉悦进程的重要力量也已日益虚弱。

---

⊖ 刘易斯拐点，即劳动力过剩向短缺的转折点，是指在工业化进程中，随着农村富余劳动力向非农产业的逐步转移，农村富余劳动力逐渐减少，最终达到瓶颈状态。

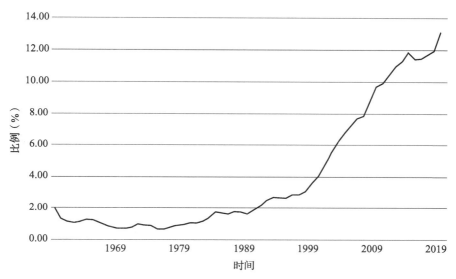

图 3-4  中国外贸的全球占比

资料来源：万得金融终端。

2015 年 8 月 11 日，人民币贬值 2% 左右，从此开始了一段 10% 左右的贬值过程。与此同时，中国开始收紧对发达国家的直接投资，这是具有里程碑意义的。我们现在经常听到世纪变局的说法，正是从那时开始流行起来的。

发展中国家追赶并最终进入发达国家行列，是有一个典型路径的。我们以日本为例，1990 年之前，日本的外汇来源主要是贸易顺差。在此之后，贸易顺差的金额就不再增长了，初次收入逐渐成为主要的外汇来源。所谓初次收入，它是国际收支会计中的一个专用术语，主要包括劳务输出和投资收益。日本的劳务输出不多，主要是投资收益。

曾经有一种说法，日本列岛之内有一个日本，岛外还有一个日本。从赚取外汇的角度来说，果真如此。这里的岛内日本是指日本的外贸企业，岛外日本则是指日本拥有的海外资产。在 2008 年之后，岛内日本已经赚不到甚至开始倒贴外汇了，而岛外日本还在不断赚钱。

上述过程可以类比于人类迁徙。一个外地人迁徙到此地，无论在哪里工作，无论他挣得多少财富，在某种意义上，他都不能算是本地人。只有他把挣得的财富投资在本地，买成了房产等固定资产之后，跟其他本地人在资产价格方面共荣共损了，这时才能算是本地人。

1990 年之前的日本，挣得了欧美的外汇放在自己手里，欧美并不会因此认为它是自己人。只有它把这些外汇投成固定资产，最好也同时开放自己的资产让对方来选购，双方利益绑定、休戚与共，这个"脱亚入欧"的过程才算真正完成。

事实上，改革开放前 30 年，中国一直是按照这条典型路径来走的。假如没有 2015 年开始的一系列变化，很有可能还会继续走下去。但是如果真的这么走下去了，那么很显然，欧美国家一共不到 8 亿人口，跟我们 14 亿人利益绑定，那是肯定融不到一块儿的。要融，最多也就能融一小部分，甚至连一小部分都未必能够彻底消化。所以，中国在履行改革开放的整体规划时，就需要突破上述典型路径，走出一条新路来。

我们看古代文明史，往往有一个明显的兴衰循环，而解释这种循环的最有力工具就是马尔萨斯的人口论。当人口数量超出自然资源所能支持的上限之后，战争、饥荒、瘟疫和死亡就将降临，迫使人口重新回到上限之内。经济周期的原理也差不多。当有效需求不再增长，新增市场为零甚至为负时，破坏性的力量就将降临，迫使生产力退回到新的供需平衡点。

众所周知，两次世界大战都是以这种生产力退化为表现形式，而今天 8 亿人的欧美市场已经明显不可能容纳中国 14 亿的工业化人口。按照经济周期的自然规律，供需需要平衡。需求不足，供给就得相应减少，过剩商品找不到新市场，就会引发经济危机甚至社会危机。

大约 100 年前，孙中山发表名著《建国方略》。其中的许多文字，今天读来犹感振聋发聩。他明确指出，刚刚结束的第一次世界大战发源于经济危机，而经济危机的原因是需求不足，缺乏新市场。然后他又顺势提出：

尤非发展中国之富源，以补救各国之穷困不可也。然则中国富源之发展，已成为今日世界人类之至大问题，不独为中国之利害而已也……

如使上述规划果能逐渐举行，则中国不特可为各国余货消纳之地，实可为吸收经济之大洋海……

则将来战争之最大原因，庶可从根本绝去矣。

很可惜，100 年前，孙中山的计划最终没能实现，第二次世界大战也未能避免。而在 100 年后的今天，我们一定要把握机遇。

到底上哪儿去找新的市场机遇？其实华尔街人士比我们更关心这个问题。我们的"一带一路"到哪儿投资，他们的注意力就在哪儿。但是，经过将近十年的投资，很多地方也都逐渐饱和了，虽然很多国家规模不够，微观上也许可以寻找到一些投资机会，但是想要在宏观上影响世界格局还差得远。真正够得上规模的市场其实也有一个，那就是印度。不过，印度也存在一些问题，以前我们总是担心中国未富先老，而今天的印度则很可能是未就业先老。

图 3-5 是印度 2019 年的人口宝塔图，是不是跟中国 1985 年的人口

宝塔图形态有点相似？ 10 ～ 14 岁、15 ～ 19 岁、20 ～ 24 岁的年轻人多，但是印度的工业化才刚刚开始，25 ～ 29 岁、30 ～ 34 岁的壮年的就业问题还没有解决。人口就像是水，能载舟亦能覆舟。印度必须在十年内快速实现大规模工业化，否则很可能被失业青年带来的社会问题反噬。总而言之，留给印度的时间不多了，再加上自然资源和印度国内政治等先天不足的问题，印度的崛起之路注定要比中国坎坷许多。

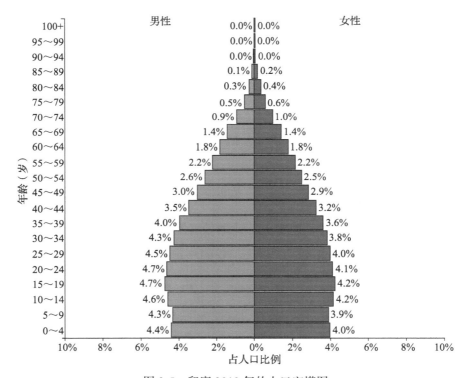

图 3-5　印度 2019 年的人口宝塔图

资料来源：www.populationpyramid.net。

　　环顾全球之后，可能我们的眼光还是要回到中国内部。可是，中国内部市场的投资前景到底如何呢？现阶段确实存在很多困难，容易开发的项目机会，早就已经被开发完毕了。不过，我们的眼光不能局限于此。比如，交通不便的山沟里有一个村子，瓜果飘香，风景怡人。请问怎么开发？水果商过来考察，发现不行；旅行社也过来考察，还是不行。这时候国家出台政策，允许山村向银行贷款，先把路修通，再配上 5G 信号塔，结果水果也可以卖了，旅游也可以搞了，还能顺带做直播。运气好的话，贷款很快就能还清了。

我讲这个例子，并不是暗示水果商和旅行社的人投资思路不好，看不到商机。其实他们的计算并没有错，区别在于小资本和大资本的决策函数是不一样的。当小资本已经觉得走投无路的时候，对于大资本来说，其实只要向前突破一下就可以解决问题。鲲鹏展翅九万里，眼界自然与雀儿不同。

## 小资与大资

在《国富论》开篇，亚当·斯密介绍了一个非常具有时代特色的案例。他说，把钢丝折弯做成别针，总共需要 18 道工序。如果让同一个人来完成这些工序，大概每天只能做 20 枚。如果适当分工，形成流水线，那么这个集体的产量就可以达到每人每天 4800 枚。

读者看到这里，大概都会不由自主地感叹分工带来的效率进步。可是如果你在农耕时代的村落里讲述这个故事，恐怕只会把农夫农妇们吓坏。那些像喷泉一样涌出的别针，可得怎么处理才好！

虽然工业革命是伟大的，但是统一大市场的形成却是它诞生的前提。因为在自给自足的小农经济中，大规模的效率进步只会导致产能过剩，所以"某某文明为什么没有启动工业革命"其实是一个伪问题。

本来就只有第一个完成航海大发现、打通世界市场的文明才会开启工业革命。

在亚当·斯密的行文之中，他并不觉得存在市场销路的问题。因为当时他的国家已经替他解决了这个问题，英国东印度公司使用武力，强行打断了印度次大陆上原有的棉花产业链，使得兰开夏郡的纺织业主可以无忧无虑地致力于技术进步。无论他们的机器需要多少原料，无论他们的产品需要多大市场，皇家海军的炮舰都可以保证实现。

在一战与二战之间，曾经有过一段中国民族资产阶级的"黄金十年"。他们甚至一度接近了掌握自身命运的地位，但是很快又失去了它。为什么呢？当然不是因为酱油大王的酱油不够鲜，五金老字号的剪刀不够锋利，而是因为列强的布局早已渗透到行政、关税、运输、银行等方方面面。正如电影《少林足球》里的著名台词："到处都是我的人，你怎么跟我斗？"

事实上，在这张不平等的牌桌上，列强所要的不仅仅是你输他赢。而是当你输得不够多、不够快时，他们还要直接、间接地动用武力进来抢夺。形象地说，就是人家一边作牌，一边偷看，上下串通，时不时威逼利诱，坐在这样的桌上，赌神也赢不了。

核武器问世之后，打打杀杀的事情，至少在大国之间不再那么常见了。可是能否进行体系化运作，仍然是大资本经营的根本特征。我们知道，微观经济学有几个基本模型。在完全竞争市场上，所有的资本都是小资本，大家都是市场价格的接受者。不过在垄断和寡头市场上，大资本是可以反过来对市场价格施加影响的。

在现实世界里，上述情况不过是冰山一角。大资本扭曲市场的手段并不止于利用市场份额，操纵的标的也绝不仅仅是产品价格。比如专利壁垒，大资本可以策略性地注册一大堆专利。它们自己并不准备利用这些专利开发产品，但是如果其他公司想要开发相关产品，它们就可以横加阻挠，或者收取高额的专利费。再比如资本控制，某家金融资本看中了你的企业，要求入股。如果你不同意，他就加以威胁，扬言要去资助你的竞争对手，甚至把行业搅成一片红海，谁也别想过好日子。当然，还有产业链控制，大资本利用自身对上下游的控制能力来排挤同行。比如，凡是 A 家的芯片供应商，都不允许给 B 家供货，这其实跟我摆摊左右 500 米不许别人摆摊的流氓没什么区别。

直到 21 世纪的今天，在新手段层出不穷的同时，关税、贸易禁运甚至炮舰政策，这些最古老的体系化竞争手段也仍然被大资本运用得不亦乐乎。有句口号叫：消费者就是上帝。供应商如果想要实现资本回报最大化，就要想方设法地讨好消费者，尽可能地提高销量，同时压低成本。这是符合投资直觉的，但那只是小资本的典型想法。对于大资本来说，它能够掌握更多的工具，当然首先要考虑的是降维打击，而不是一笔一画地固执较量。

古希腊有一个绳结的传说。曾经有一个巨大的绳结，僧侣都觉得无从下手，绝不可能解开，而亚历山大大帝则抽出长剑，将整个绳结一刀两断。这说明什么呢？这说明，僧侣的眼界决定了他们只能顺着直觉前进，而大帝的身份决定了他敢于挑战直觉行事。

## 顺应大势

小资本与大资本的行为逻辑差异，从时间上看，主要体现在逆周期操作的能力。从空间上看，主要体现在体系化运作的能力。小资本为什么不擅长逆周期操作？因为输不起。这一点可以用效用曲线的凸率来解释。

财富也是具有边际效应递减规律的，所以大资本从 100 亿元亏损到 10 亿元，仍然容易保持理智的心态，但是小资本从 100 万元亏损到 10 万元，基本上就成无头苍蝇了。因此，能够抄底的往往是大资本，而小资本最擅长的就是割肉。小资本为什么不擅长体系化运作？因为做不到团结，这也可以算是船小掉头快的硬币的反面吧。

《三国演义》里有一个名场面叫作舌战群儒。根据《三国志》记载，真正说服孙权抗曹的却是鲁肃。他提出的论点是：今肃迎操……犹不失下曹从事……将军迎操，欲安所归？颇具喜感的翻译便是：打工仔换个公司照样打工，大老板还能换个公司再当大老板吗？

1997 年，东南亚金融危机爆发。泰国、印度尼西亚等东南亚国家经济一落千丈，汇率崩盘，资本外逃得一干二净。然而韩国本地的财阀却无路可跑，只好转过头来做困兽之斗。虽然最终向外资交出了大量股权，但是却把资金和就业留在了国内。

在上一次世纪变局的前夕，正是帝国主义横行于世的时代。当年中国拒绝进口鸦片，大英帝国的炮舰就开了过来。今天美国想要打压华为，就可以勒令全球供应商在世界第一大国和一家民营公司之间二选一。总而言之，当资本主义发展到可以操纵国家政权的时候，就可以称之为帝国主义了。

当然，今天的世界不可能再去搞什么帝国主义了，但是我们确实可以从中学到一条经验，那就是面对世纪变局，我们一定要抱团取暖，最好能与国家同呼吸、共命运。只有把小资本变成大资本，才能够免遭降维打击，才能够升维破解困局，才能够增加生存下去的概率。

说到与国家相结合，那么不外乎两种合作形式，一种是民营资本当大股东，由国家出资当小股东，或者国家仍然扮演隐形小股东的角色，但是运用政策工具加以扶持指引，比如机器人、光伏、电池、芯片等新兴产业。另一种则是由国有资本当大股东并且主持经营，允许民营资本参股进来当小股东，其中最典型的就是银行业。

为什么后一类合作的典型是银行呢？因为银行 3.0 的商业模式高度依赖于以中央银行为核心的金融生态体系，因此它天然就是一个需要由国家主导的行业。2008 年以来关于社会责任分担的世界潮流动向更加强化了这一点，而其他任何行业，哪怕是石油、电信，其发展意义上的战略重要性都无法与银行相比。

请大家一定要明白，这两种合作形式的本质是一样的：相信国家的道路选择，相信中国经济的长远发展前景。简单说，就是相信国家的发展大势。因此这两种合作一荣俱荣、一损俱损，实为一体两面。事实上，这里涉及一个经济学基础理论层面的必然性，我们在后面关于产业金字塔的章节还会进一步讨论。

有些人可能会担心这种合作的效率较低，事实证明，确实如此。为了达到战略目的，牺牲一些经济效率在所难免。不过要意识到，只追求效率优先的时代已经渐渐远去了。或者说，在未来很长一段时间内，经济效率将不再是主要矛盾之所在了。也许几十年后，人们又会回过头来再次重视经济效率，但是历史的周期是很漫长的，我们必须先完成好当下的任务。

　　国家发展起来了，或者在国际竞争中成功了，民营大股东肯定不会被淘汰出局，国有大股东也是道路宽广。有朝一日，中华民族的伟大复兴能够实现了，那么证明两类股东的合作便都成功了。虽然本质相同，但是具体到投资风格上，这两种合作形式还是有很大区别的。前一种合作体现为成长风格，投资者的眼睛是往上看的，看的是发展空间。后一种合作体现为价值风格，投资者的眼睛是往下看的，看的是风险底线。因为存在这样的特征差异，所以围绕着同一条逻辑主轴，这两种风格应该是可以轮动的。这一侧机会发掘得差不多了，再去寻找那一侧的机会，这是全球股市长周期下反复证明了的历史规律。成长之后是价值，价值之后又是成长，没有哪一种风格可以永久主导市场。

　　从理论上讲，成长风格的特征是高风险、高收益，价值风格的特征是低风险、低收益。结合最近数年 A 股市场的实际情况来看，成长风格已经流行了很久，高风险已经被扭曲成了极高风险，高收益已经被扭曲成了一般收益。与此同时，价值风格也已经沉寂了很久，低风险已经被扭曲成了极低风险，低收益已经被扭曲成了较高收益。用投资术语来讲，就是风格转换的时机正在日益成熟。

　　讲到此处，我们的推理还不算完整。全球资本市场是高度联通的，华尔街的主导风格往往会渗透影响到世界的每一个角落。我们将在后续的第 5 章、第 6 章继续展开风格转换的话题，而在接下来的第 4 章中，我们将讨论一个更加根本的问题：中国经济是否值得看好。

# 第4章

# 中国经济值得看好

- 从销售面积这条线看，过去几年的高歌猛进，一定程度上给未来的发展造成了压力。从竣工面积这条线看，情况就乐观得多了。过去十年，每年的竣工量一直在10亿平方米左右，近期甚至还略有下降。如果从来没有泡沫，当然也就不存在泡沫破灭的问题。因此从建筑总包以下的各个行业，未来几年的业务量不见得会缩水，很可能还会在"保交房"的压力下略微上升。

- 中国把正确抗疫带来的这部分"能量"，以"节约政策空间"的形式储蓄起来了。如果根据对照组科学实验的思路来进行比较，那么我们应该同欧美国家的财政政策和货币政策一致。其他条件都相同，只保留一个抗疫政策的差别，把正确抗疫的优势完全释放，形成经济繁荣。那样的话，微观主体的感受就会不一样了。

● 总而言之，中国是大银行小企业，美国是大企业小银行。由于历史原因和社会原因，中国的银行，尤其是国有大行，在中国民众心目中的信誉极高，此处信誉高低之差足够维护一家银行的利润空间。而在美国人看来，可能许多企业都比银行更有信用，他们更愿意给这些企业直接融资，没有必要通过中间媒介。

## 高周转到此为止

中国房地产业的本质，有点类似于批发转零售。法律规定了政府是唯一的土地提供者，但是它的体量很大，难以直接与每一个购房人单独接触，所以需要开发商来把土地一举拍下，然后再拿去慢慢零售。这个商业模式是与中国的特殊国情相适应的，在逻辑上也没有修改的必要，比如矿山与冶炼企业、车厂和 4S 店也是这个关系。

关键的区别在哪儿呢？大宗商品也好，耐用消费品也好，它们的波动周期比较短，大家都知道自己的行业前景有好有坏。经历过几次周期，心理预期和财务模式也就匹配起来了。可是房地产周期长，很多人入行几年、十几年全是牛市，他们习惯了在批零差价之外，再挣得一部分顺势上涨的利润。顺势这部分利润没了，甚至变成逆市了，他们就不习惯了。

因为心理不习惯，所以总想着抗拒行业利润率下滑的趋势，怎么办呢？加快周转。以前每个项目赚 5%，一年做 3 个项目。现在每个项目赚 3%，一年做 5 个项目，利润不就保持住了吗？确实，这样看利润是保住了，但是风险也加大了。

图 4-1 显示了中国历年房地产行业竣工面积和销售面积，这两者之

间有差异是正常的。在总量上升的过程中，销售面积领先竣工面积一两年也是正常的，但是从 2017 年以后，竣工面积就明显跟不上销售面积了。这说明，开发商完成预售，拿到购买者的款项之后，并没有全力保证交房，而是挪用到其他地方去了。

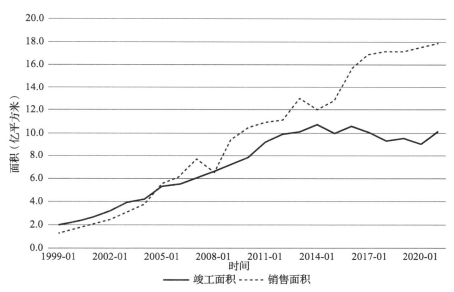

图 4-1　中国历年房地产行业竣工面积和销售面积

资料来源：万得金融终端。

有人因此质疑预售制度，这是没有道理的，毕竟尚未有法律规定提及房地产不能预售。事实上，绝大多数楼盘，只要在预售环节未售完，自然就会转入现房销售，只是价格会高一些。有的楼盘还会特意把楼王位置留着，不参加预售，期待最后卖出一波现房，出现一个高价。

归根结底，预售制度存在的唯一理由就是：人们可以通过它来买到相对便宜的房子。凭什么呢？就凭购房者把资金提前交给开发商使用了，这是他们应得的利息。其实对于非全款支付的购房者来说，这个资金也不全是他们自有的。公积金或者商业贷款的成本在其中占到3%～5%，但是开发商给予购买者的让利幅度可远不止如此，至少也有年化8%，这个数字我们可以从售楼处推盘表上的报价中倒推出来。总之，预售制度本身并没有性质上的问题，目前中国房地产行业遭遇的问题主要在数量上。

虽然2022年确实是若干年来房地产销售较差的一年，但是一些媒体上经常提到的同比数据则有一定的误导性。笔者写作的时间是2022年6月，在图4-2中，笔者列出了最近十一年的同期累计数据，并做了一个比较。

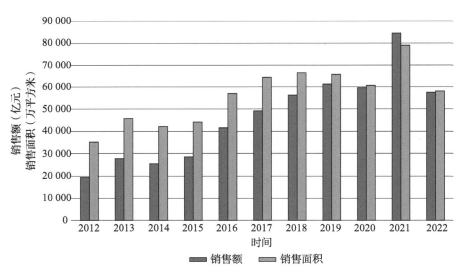

图 4-2　最近十一年同期累计数据比较

注：累计数据为 1 ～ 6 月的数据。
资料来源：万得金融终端。

相对来看，2021年的数值较为异常。2020年虽然有疫情影响，但是相对可比一些。如果与2020年的同期累计数据相比，2022年销售额的降幅是 3%，销售面积的降幅是 5%。其数据走势还是比较平稳的。此时，开发商手里已经积压了大量已销售未交付的房子，这时候依旧指望销售额再上层楼是不现实的。

那么为什么 2022 年许多开发商都面临空前的资金链紧张？因为前几年开发商之间流行高周转、高杠杆的做法。这边项目销售回款刚到，那边立即就转去拿地，所以开发商账上没有留下多少现金，只是剩下一堆存货而已。其实从历年行情来看，这也不是问题。存货也可以随时变现，账上有存货就等于有资金。

不过，为了保证金融健康发展，2021 年"三道红线"<sup>○</sup>政策全行业推行，要求贷款不仅与抵押物价值相关，还要与开发商的资本金相关。很多开启高周转模式的开发商变得措手不及，它们纷纷现金流告急，有几家龙头公司也走到了破产的边缘，这种模式自然就难以为继了。所以说，2022 年房地产公司并不是整体销售情况有多差，而是它们自身的经营模式出了问题。

## 房地产的明天

许多人习惯在讨论房地产的时候只看一个销售金额，这在 2017 年之前并不会造成什么问题。可是经过几年高周转，现在销售面积和竣工面积这两条数据线中间存在着一定差距，使得我们要把这两条线分开分析。

---

○　"三道红线"政策是住建部、人民银行等多部门对房地产融资限制的政策，一方面是对作为融资主体的房地产企业的限制，另一方面也是对作为资金提供方的金融机构的限制。

我们一直说房地产是支柱产业，这个定位是没问题的。不过，它这个定位并不是从销售面积这条数据线来的，而是从竣工面积这条数据线来的。只有竣工量才能够反映它对下游行业的拉动作用，脱离了竣工量的房地产销售，就变得毫无意义。

2022 年前 6 个月的竣工量与 2021 年同期相比，下滑 21%；与 2020 年同期相比，基本持平，如图 4-3 所示。从大数上看，这个竣工量很可能就是未来若干年的中枢水平了。下游产业链，比如钢铁、水泥、工程机械等，都可以按照这个水平去进行规划。如果要在这个水平上再大幅扩张，那肯定是自讨苦吃，毕竟人口数量和年龄结构都不如之前有支撑力了。

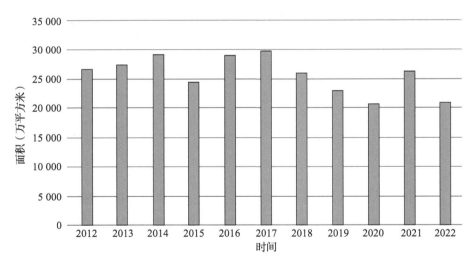

图 4-3　同期竣工量

资料来源：万得金融终端。

换个角度来讲，城市更新，旧房改造，这些都计算进来，每年也需要一定的开发量。一个比较粗糙的估算是这样的：14 亿人，其中 80%

住商品房，人均面积 40 平方米，按 70 年折旧，这几个数字算出来的结果是 6.4 亿平方米。再加上一定比例的商业和办公地产，每年 9 亿平方米将是一个合理竣工量的下限。

2021 年，全国房地产销售 17.9 亿平方米，这个记录在可预见的未来恐怕是很难打破了。展望未来，开发商的商业模式应该回归典型的批零差价模式，销售面积也将与竣工面积逐渐靠拢，一起收敛到每年 10 亿平方米左右的水平。

从销售面积这条线看，过去几年的高歌猛进，一定程度上给未来的发展造成了压力。从竣工面积这条线看，形势其实非常平稳。过去十年，每年的竣工量一直稳定在 10 亿平方米左右，近期甚至还略有下降。如果从来没有泡沫，当然也就不存在泡沫破灭的问题。因此从建筑总包以下的各个行业，未来几年的业务量不见得会缩水，很可能还会在"保交房"的压力下略微上升。

从更加宏观的视角看，2022 年很可能是中国房地产的关键一年。只要这个坎跨过去了，中国经济的前景又可以稳定很多年。

目前中国正在经历的房地产调整，按我理解，它跟昆虫蜕皮化茧或者凤凰涅槃的道理差不多。旧的生长阶段完成了，新的生长阶段还没有开启，中间必然要经历一次比较痛苦的转变。

放眼全球，无论在哪个国家，房地产都是第一大资产类别。房产本身可以算是现代社会单一价格较高的消费品，对于绝大多数家庭来说，买房都是人生一大决策。以上几个因素决定了，极少有人敢在房地产上做逆向投资。一个波动就是几年的工资，一般人心里承受不了，所以房地产的销售情况多数时候是由人性决定的。

追涨杀跌必然形成极端价格，也就是技术分析中的尖顶。同时由于房地产对上下游的拉动影响深远，如果房地产的全产业链形成尖顶，那么对实体经济的破坏将是特别巨大的。20世纪90年代日本泡沫经济的破灭就是典型。

这时候怎么办呢？一个无解之解就是把房地产的销售端和竣工端分开。销售端让它自然形成尖顶，但是竣工端压平抬稳。这样分解之后，即使房地产出现大拐点，它对实体经济的损伤也可以减至最小。

如果从这个角度看，那么开发商的资产负债表实际上起到了宏观经济缓冲器的作用。这个宏观构思其实很巧妙，只不过在高周转模式下，开发商负债端有一部分资金是来自个人的预售款。这部分购买者其实没有什么吸收损失的能力，让他们来间接承担缓冲风险的职责，似乎与社会公平的宗旨不符，所以择机叫停高周转模式也是势在必行。

对于一个经历了多年高速增长的大型经济体来说，房地产领域的调整，是对中国宏观经济的一次重要考验。中国进行的供给侧结构性改革，效果显著。本轮房地产业调整的结果，能够使我们在这方面积累丰富的经验。标的市场首先缩量，然后经过一段时间的价格调整，最终企稳。此后产品价格将在长期内跟随通胀上涨，与此同时，市场主体优胜劣汰，数量减少，份额向头部企业集中。最关键的是，各方参与者的心态将从野蛮生长转入健康有序。

当然，在这个过程中，耐心和阵痛是必不可少的。但是我相信，光明就在眼前。

## 房价与坏账

虽然在战略上，我们对中国房地产充满信心，但是在战术上，我们不得不把极端风险纳入考虑。如果房地产价格出现大幅下跌，对银行坏账的影响到底有多大？这是一个非常重要的问题。监管机构也很重视，所以现在 A 股上市银行都会专门披露一个数值——房地产贷款占比。

这个数据包括两部分，一部分是贷给开发商的，另一部分是贷给居民按揭的。比如：2021 年底，中国工商银行的房地产贷款占比是 35.3%，其中 30.8% 是贷给居民按揭的，4.5% 是贷给开发商的；同期招商银行的房地产贷款占比是 31.9%，其中 24.7% 是贷给居民按揭的，7.2% 是贷给开发商的。<sup>○</sup>

事实上，在上市银行披露的房地产贷款中，贷给居民按揭的占到绝大部分。通常认为这部分贷款是非常安全的。为什么呢？现在我们假设房价大幅下跌，那么它要伤及银行按揭，需要击穿四层保护垫。

第一层，历史浮盈。过去十几年，绝大多数按揭者都积累了非常丰厚的历史浮盈。这部分摊薄一点，根本不影响任何事情。第二层，已还房贷。按揭人每年还款金额大约相当于房价的 3% ～ 5%，换句话说，每过三年，这层保护垫就会增厚大约 10 个点。第三层，首付。绝大多数城市长期执行购房最低三成首付，这又是一层保护垫。第四层，个人信用。有些人日常生活里可能不拘小节，但是对于政府的征信系统还是有所忌惮的。越是高管金领，越是在意自己的个人信用。当然，

---

　　○　万得金融终端。

这层保护垫具体如何计算就见仁见智了。

我们在对按揭贷款问题进行评估的时候，需要注意，它是过去许多年积累起来的，而不是现在才出现的。如果忽略了这一点，就会低估第一层和第二层保护垫的作用。

当然，假设某一人在房价的极端高点买了房子，然后房价迅速跌穿首付，此人又不在乎信用，存心断供，那自然就会造成坏账。可是别忘了，银行就是靠与坏账做斗争来赚取利润的。

至于贷给开发商的贷款，大家都知道风险比较高，风控约束也很多。这里面的细节很难深究。我觉得大家只需要理解关键一点：中国的银行是非常讲道理的。想要逃废债，姑且不说不可能，但是逃债者绝对要付出相当大的代价。按揭也是一样，银行可以在标准条款上打折，限额度，限放款时间，限利率，但银行绝不会放松对贷款者的要求。要是银行在标准条款上给贷款者放松了，那就是违规了，内外部都会有相应的处罚。

整体上看，我认为中国房价在可控范围内，这里我们可以分别从两端来看。从房价收入比的角度来看，一线城市房价的波动肯定会大一些，而且易受国际上其他城市之间比价的影响。但是一线城市的首付比例更高，全款案例更多，购房人的风险承受能力也更强，也相对地更加在乎个人信用记录。

还有一点，从过去十年的数据来看，一线城市房地产销售的全国占比是不断下降的。也就是说，近年新增按揭中，一线城市的比例更低。这意味着一线城市按揭的平均已还款年限更长。从四个保护垫来看，一线城市都是更高的，所以银行对这部分业务还是相对放心的。

　　如果从未来人口流动趋势看，那么显然是某些三四线城市的风险会大一些，但是那些城市的房价绝对值低，很容易受到劳动力价格上涨的保护。什么意思呢？就是说凝结在房子里的建筑工人的劳动将会快速升值，而且这里还要叠加一个结构性因素。

　　放眼未来十年，普通白领的工资也许能够上涨 50%，但是建筑工人的工资很可能上涨 100%。全球横向比较，假设每年 3% 的通胀，复利滚动十年就相当于 34% 了，而与此同时，劳动者收入的上涨幅度将远高于此。

　　展望未来，随意买房待涨的时代肯定已经过去了。其实正常的资产价格表现都是双向波动的。那么对于原本配置到房产里的这部分资金，将来会到哪里去？这个问题我们留到后续的章节中加以讨论。

## 中国不会重蹈日本覆辙

　　日本是中国的近邻，20 世纪 90 年代日本房地产泡沫崩溃给许多中国投资者留下了难以磨灭的印象。日本的经济经历了失去的十年、二十年、三十年……

　　这足以证明，房地产泡沫破灭的危害很大。但也不是说只要发生一次，这个国家的前途命运就毁于一旦了。美国历史上曾出现过多次房地产泡沫，典型如 20 世纪 20 年代的佛罗里达泡沫，20 世纪 80 年代的储贷危机，还有 2008 年次贷危机引发的全球金融危机。

　　这就好比是有人得了几次大病，最终都康复了，而有人只得了一次，就落下终身残疾。那么很显然，这里的关键不是疾病本身，而在于更加基础的身体状态差异。

金融市场的决定因素是实体经济，实体经济的决定因素是更加广阔的社会条件和文明条件。有些人仅仅看到部分一线城市的房价走势与日本在 20 世纪 90 年代的房价走势相似，就断言中国会走日本的老路，这与只看股价 K 线就做投资决策没有什么区别。

首先，中日两国的发展空间截然不同。目前日本的人均 GDP 是中国的 3 倍多，虽然经济经历了 30 多年的相对停滞，但是仍属于全球最发达国家之一。然而日本人也不是有三头六臂的，在国际常态中，人均 GDP 越高意味着提升的空间越小。中国目前还没有进入高收入国家的行列，结合基础设施和教育技能等条件综合考虑，中国的劳动力价格仍然在许多行业中具有比较优势。除了发展空间，发展规模也很重要。中国的人口规模是日本的十几倍，国土面积是日本的二十几倍，两者绝无等量齐观的道理。中国经过一系列政策开发扶持，很有可能成为全球最后一块巨型潜在市场。

在日本，很多产业发展到后来都会出现一种现象，叫作加拉帕戈斯化。加拉帕戈斯地理位置极其偏僻，距离最近的大陆也超过 1000 公里，这里的小鸟和蜥蜴都进化成了与其他地方截然不同的样子。典型如芯片、液晶、通信和储能等行业中，在日本都出现了加拉帕戈斯化的迹象。在这些行业中，日本企业都曾经在某些技术路径上做出过领先的研发布局。这就好比铺好了路，栽好了树，就等着大队人马来交过路费。结果其他国家的企业过来，直接在旁边另开辟一条新路，而日本那条路却变得乏人问津了。其他国家为什么会改道？就因为市场在它们手里，而日本企业则由于用户数量不足，没有足够的销售收入，也就没有足够的研发经费，只好眼睁睁地看着其他国家的企业后来居上。

日本被美国驻军，没有军事自主权。这在 20 世纪 90 年代是被许多人羡慕的地方，因为他们认为，有了美国的军事保护，日本就可以专心发展经济了。然而现在看来，军事技术往往是民用技术的先导。日本几次尝试独立进行航天、战斗机等领域的研发工作，都被美国叫停。其实在这个问题上，韩国与日本的处境也很相似。许多几十年前曾经帮助它们超前发展的因素，现在又转而变成了它们发展空间的上限，社会周期轮回的奥妙总是出乎常人的预料。

这里我还想引申一下。我们一般所谓的国际比较研究，其实预设了一种链式思维在里面。也就是说，前面有个开路的，后面有个跟随的。前面怎么走，后面就怎么走，只是在时间上错开若干年而已。

这种链式思维自有其价值，但是在此之外，我觉得还存在一种台式思维。什么意思呢？就是世界各国都生活在同一个时间和空间的舞台上。如果 A 国只是沿着 B 国的路径走，那么现在的 A 国只是在跟过去的 B 国产生联系。事实上，现在的 A 国一直在与现在的 B 国产生联系。

日本经济泡沫破裂对中国经济的影响并不算大。中国企业迅速成长，使中国产品摆脱了像 20 世纪八九十年代那样被日本产品死死压制的局面，日本无法像早年间那般，通过占领中国新市场以及继续占领原有的世界市场份额来回血补气，不得不经历失去的二十年、三十年。

从这个角度说，不是因为日本有这个问题，所以中国也一定会有这个问题。这种推理逻辑是错的。恰恰相反，正是因为中国在这方面没问题了，所以日本才有了这个问题。

再比如 2008 年以来，欧洲和日本的经济整体萎靡，美国事实上除了科技产业以外，经济也表现出疲软状态。这里面的病根其实很简单，就是四个字：去工业化。可是全球不能没有工业，那是怎么回事呢？因为发展机会全去发展中国家了。

最近十几年，全球出现过不少新兴工业领域，光伏、风电、桥隧工程、卫星导航、电池、电动车等，几乎全被发展中国家"截和"了。全球竞争格局重组，此消彼长的形势已经非常明显。这时候我们再做国际比较，链式思维就几乎没有用武之地了，投资者一定要学会多用台式思维研究问题。

2008 年金融危机之后，欧美国家普遍实行零利率。当时就有过一些议论，认为中国迟早也得进入零利率时代。如果从超长期历史的视角来看，我认为这种说法也有一定道理。以百年计，零利率可能是整体人类社会的归宿。但是无论如何，中国至今还没有走到那一步。

事实上，无论是与欧美国家或是日本比较，还是与印度、巴西、俄罗斯、土耳其等主要发展中国家比较，中国的财政和货币政策都是比较保守的。这体现为较低的通货膨胀，也体现为较低的财政赤字率。

新冠疫情暴发初始，欧美国家经济几乎完全是用无限量化宽松和巨额财政赤字扛过去的。而中国则通过调动各种资源，灵活调整抗疫政策获得了举世瞩目的成就，2020 ～ 2021 年中国经济的宏观表现可以说是鹤立鸡群，独步全球。

然而我们也可以观察到，微观主体的感受并没有宏观形势显示得那么乐观。为什么会有这样的反差呢？原因就是中国把正确抗疫带来的这部分"能量"，以"节约政策空间"的形式储蓄起来了。如果根据对照组科学实验的思路来进行比较，那么我们应该同欧美国家的财政和货币政策一致。其他条件都相同，只保留一个抗疫政策的差别，把正确抗疫的优势完全释放，形成经济繁荣。那样的话，微观主体的感受就会不一样了。

那么中国为什么要如此谨慎地节约政策空间呢？我认为还是与世纪变局的宏观历史判断有关。军队里有一句"平时多流汗，战时少流血"的口号，我想其中的道理是相通的。

## 正确理解负债

现在海外媒体上，看空中国宏观经济最常见，也最重要的理由就是债务问题。由于这个债务问题并不能对应到一个标准化的官方统计量上，于是经济学家们根据手上的资料，各自估计出一个债务总量。可是只看总量不行，国家大小不同也不能直接相比较。于是经济学家们再拿债务总量除以 GDP，得到一个所谓的债务比率。

各家估计不同，但多数都认为，中国整体的债务比率高于美国，低于日本，与欧洲各国不相上下。这个水平好像还可以，但是如果把一个国家分成居民、政府、金融企业和非金融企业等几个部门来看，那么中国的非金融企业部门的债务比率是明显高于发达国家水平的。于是，中国的债务问题就这么被提出来了。

首先我想说，国际上的专家学者愿意给中国经济把脉问诊，这是好事，我们应当欢迎。不过很可惜，上述债务问题的方法论是有严重缺陷的。缺陷在哪儿呢？我们这里暂不直说。先来看看在同样方法论下，海外媒体经常提到的另外一个重要指标：单位 GDP 碳排放量。

当前中国的单位 GDP 碳排放量高于发达国家，这是事实，但是因此而批评中国则不公平。因为中国的很多碳排放，其实是为生产出口商品而排放的。换句话说，我们把产业链拆开，单独计算钢铁厂和写字楼的单位 GDP 碳排放量，那么算出来的数值，钢铁厂肯定比写字楼高。可我们能够因此批评钢铁厂吗？显然不能。不过欧美国家中还真有人去干这种事，我认为那都是媒体炒作，不值一驳。

其实西方经济学家的这套方法论，也是他们在长期工作中自然形成的。在他们眼里，这个世界人口基本上就只有七八亿，分布在北大西洋两岸，顶多再加上日本。这些国家全都位于产业链的顶端，形态基本上都是"写字楼"。它们的 GDP 中大部分都是各种消费，组成结构也是差不多的。直接使用各种统计量除以 GDP，不会造成什么扭曲的结果，所以使用这套模型来进行发达国家之间的横向比较，确实没有什么大问题。

可是中国不一样，中国有 14 亿人口。除了"写字楼"，还有大量的"钢铁厂"甚至"农田"，结构跟发达国家截然不同。按照西方学者常用的模型直接套上来，大概率是要出错的。我一直主张这样一个研究视角，我们不要在体量上把中国理解成一个普通国家，而要把中国理解成 3 个德国加 8 个波兰，再加 0.5 个印度，这样可能更接近真相一点儿。

其实微观数据显示得很清楚，中国工业企业的负债率并不比欧美国家工业企业高。各国银行都在向《巴塞尔协议》看齐，放贷操作规则并无多大区别，都不支持企业过多负债。只不过任何国家工业企业的负债率都比服务业、科技产业高，而中国的工业企业在 GDP 中占比稍大，那么总账计算出来时，当然就显得高了。所谓中国债务问题的真相，就这么简单。

## 肉烂在锅里

当然，咱们也不能只驳论，不立论。既然流行的算法不对，那么应该怎么算才合理呢？研究负债，最合理的方式就是把它与资产相比较。两者的直接比例叫作资产负债率。如果拿资产减去负债，得到净资产，再用负债来与它相比，就叫作净资产负债率。这些都是会计学常识，对企业、个人和政府都适用，那么它们当然也适用于这三者的集合：国家。

事实上，发达国家大都会发布官方编制的资产负债表，比如美国的国家资产负债表就是由国家经济研究局（NBER）发布的。这个 NBER 同时也是 GDP 的发布机构，权威性可想而知。如果我们要考察美国的债务问题，第一个想到的就应该是去 NBER 官网下载美国的国家资产负债表数据，而不是用学者自估的债务量去除以 GDP。

稍有遗憾的是，中国目前还没有官方的国家资产负债表数据，只有中国社会科学院（简称社科院）发布的一个学术研究性质的报告，距今最近的一期是 2019 年的数据。不过在我看来，这至少是正确方法下的次优选择，总比方法错误强多了。

根据社科院的报告，2019 年，中国的非金融资产总计约 662 万亿元人民币，金融资产994万亿元，负债980万亿元，净资产675万亿元。<sup>⊖</sup>对数字敏感的读者可能已经发现，中国金融资产的规模非常接近负债规模。于是根据总资产减去负债等于净资产的公式，非金融资产也就非常接近于净资产。

我们再来看美国的数据，它的金融资产是306万亿美元，负债301万亿美元。日本的金融资产是8582万亿日元，负债8223万亿日元。<sup>⊜</sup>这些都是差不多的数字，由此可见，金融资产约等于负债，这是大国国家资产负债表的一个重要特征。由此我们也可以尝试得出结论：对于大国来说，金融资产的多少是无所谓的，真正决定家底厚薄的，就是它的非金融资产。

为什么会这样呢？这就涉及金融的本质了。所谓金融，就是资金融通，其实就是把一个人的资金以某种名目交给另一个人使用，所以金融资产必然同时出现在两个主体的资产负债表上。一个贷方，一个借方，两者成对出现。

如果我拥有一辆车，或者一间房子，那么它就是我名下的非金融资产，只出现在我的资产负债表上，与其他人无关。但是，如果我拥有一些债券或者股票，那么它肯定会以另一种形态出现在其他法人或自然人的资产负债表上，体现为债务或者出资。反之亦然。

一项金融资产的背后，可能是另一项金融资产。假如我们层层穿透，打破砂锅问到底，最终它一定会对应到某一项非金融资产上面。比如，A把钱借给B，B用这笔钱注册了一个公司C，公司C又出资收购了一片牧场D，牧场D本来什么都没有，现在用这笔钱买了一头牛。

---

　　⊖⊜　万得金融终端。

那么 ABCD 在分别做账的时候，它们各自都有一张资产负债表，看上去很复杂。但是我们把 ABCD 的资产负债表合并起来看，其实净资产总共就是一头牛，所有的金融资产和负债都是互相抵销的。假如这头牛死了，所有的金融资产和负债就都没有存在的意义了。

国家资产负债表的这个特征很有意思。那么它的宏观意义是什么呢？我们可以用一个简单的短语来概括，叫作肉烂在锅里。换句话说，因为大国的负债基本都是内债，所以一个大国只要保持贸易顺差，同时管制资本外流，则其发生系统性债务危机的可能性极小。假如再有一个强大的权力核心从中调节，那就更加安全了。

现在我们用金融资产除以非金融资产，得到日本是 2.6，美国是 3，英国是 3.2。<sup>⊖</sup> 这个指标说明什么呢？宏观上，我们看到金融资产与非金融资产之间的关系，体现到微观上来，就是产品包装与底层资产之间的关系。

比如说一间房子，有的人习惯是直接把它买下来。而在发达国家，房子可能会被打包成不动产投资信托基金（REITs），卖给一家基金公司，然后被基金中的基金（FOF）持有，或者还能用它的租金抵押发债，甚至发行信用违约互换（CDS）之类的衍生品。这一系列的金融操作，当然会在不同人群之间产生很复杂的资产负债关系。但是请记住，一切的一切都只是包装。假如那间房子不能升值或产生租金，后面所有的金融产品就都是零和博弈。资金是绝对不会凭空多出来的！

我们可以把金融资产与非金融资产的比例称为金融深化指标，或者

---

干脆就叫包装复杂度。以此衡量，中国经济的包装复杂度是远低于发达国家的。当然，我们还不能仅凭这一点就说中国没有债务问题。只能说，假设其他条件相同，则金融深化指标低的国家，相对更不容易发生债务危机。

## 非金融企业受益于通胀

社科院还编制了分部门的国家资产负债表，这里有海外媒体关心的非金融企业的情况。2019 年，中国非金融企业拥有非金融资产 342 万亿元人民币，金融资产 97 万亿元，负债 170 万亿元，股权 269 万亿元。[一] 这里有两个比率是比较重要的，分别是股权与负债的比例和金融资产与非金融资产之间的比例。股权与负债的比例越高，说明企业股东清偿债务的能力越强。这个比例中国是 1.58，美国是 2.08，日本是 1.12，英国是 1.31，德国是 2.23。[二]

由此可见，与发达国家相比，中国非金融企业的股东资本可能算不上特别雄厚，但至少是正常水平，并没有明显的问题迹象。同时，这里还有一个我们前面强调过的行业分布问题。中国的工业企业较多，重资产行业的比例大，债务比例自然也比较高。这是不足为奇的。

我曾经关注过一家企业，它们接了一个高级别的重点项目，然后政府给企业配套了一笔优惠贷款，企业内部大喜过望，结果美国的标准普尔公司反而降低了企业的信用评级。因为标准普尔是只看财务报表的，而接受了政府的优惠贷款后企业的负债率确实提高了，大概是达

---

[一][二]　按公开信息计算。

到了标准普尔公司内部掌握的某个阈值。

有的中国企业家的思路是这样的：发展中产生的问题要用发展来解决，只靠原有项目来还债，只能是死路一条。相反，只要新项目的投资收益率高于贷款利率，那么这种负债越多，归还贷款反而是越容易的。这两种思维逻辑的碰撞，我们很难说哪一种更接近真相。这个判断真的太依赖具体条件了，不过我们可以大致进行归纳，餐饮、娱乐、软件之类的服务业，投资失败往往真的就会血本无归，而地产、矿山、制造业等产能，如果投资失败了，多多少少还能收回一些清算价值。其实银行也是很理性的，这些正是银行更愿意给工业企业放贷的原因。

另外一个重要指标，是金融资产与非金融资产之间的比例。这个比例用在国家层面上，它体现的是一个国家的金融深化程度，或者说是包装复杂度。那么，这个比例用在企业层面上，它体现的就是企业资产负债表对通胀和通缩的敏感程度。

我们知道，非金融资产，其中绝大多数是实物，它的价格会随着通货膨胀而变化。一般来说，通货膨胀时价格会提高，通货紧缩时价格会降低。金融资产里面有很大一部分债权，尤其是短期债权，它们的名义价格基本上是给定的，受通货膨胀的影响很小。总的来说，企业的非金融资产比例越高，它就越容易受益于通货膨胀。

对于中国非金融企业来说，它们的金融资产与非金融资产的比例是0.28，美国是0.94，日本是0.98，英国是0.69，德国是0.99。<sup>⊖</sup>由此可知，在中国企业的资产负债表中，金融资产的比例很低，而"干货"的比例很高。这个结论与我们前面讨论的，中国整体金融包装复杂度较

---

⊖　按公开信息计算。

低的特征是相互印证的。

也正因为如此，相对于金融资产占比高的企业，金融资产占比较低的中国企业在通货膨胀环境下是容易受益的。投资一个项目可能还没投产运营，就已经升值不少了。但是反过来，它们在通货紧缩环境下又是容易受损的。项目还没完工，盯市价值就已经发生亏损了，那种感觉可不妙。

此时，我们就可以理解了，为什么美联储和欧洲央行制定的通货膨胀目标都是 2%，而中国是在 3% 左右。高出的这 1 个百分点，很重要的一条原因，就是较高的通货膨胀更适应中国企业财务特征。更进一步说，假如要改善中国企业的债务状况，通货膨胀对中国企业资产负债情况的改善是立竿见影的。而在发达国家，由于包装复杂度过高，传导效率就要大打折扣了。

换个角度讲，就是在欧美的宏观环境下，宽松货币政策产生的利益很容易被金融体系截流，到达不了实体，而中国的这个问题相对还没有那么突出。

## 金融系统以银行为主力

在国家资产负债表中，金融机构部门也有一些看点。由于金融机构可以相互放贷，所以在金融机构的国家资产负债表上，资产端和负债端都会出现贷款。不过我们还是沿用银行报表的惯例，把资产端中贷款的比例计算出来。它可以作为一个国家金融系统中，银行业务重要性的指标。在国家金融系统的资产中，美国有 23.6% 是贷款，日本是

34.1%，英国是 21.6%。<sup>⊖</sup>由此可见，日本的金融系统是最倚重银行的，美、英次之。

历史上一直有这样的观点，认为银行体系的信贷周期是造成宏观经济波动的罪魁祸首。不过，2008 年的金融危机打破了这个教条，因为这次金融危机的震源是美国国际集团和贝尔斯登，它们都不是发放贷款的商业银行。况且，高盛、摩根士丹利、美林等华尔街投行最后的保身之道，恰恰是改制成为接受美联储监管的商业银行。如果我们眼光再放长远一些，其实 1929 年的大萧条也是由股市崩盘引发的。因此，从某种意义上说，宏观经济波动的根源在于缺乏约束人性的制度，而不在具体的某种业务。

还有一种常见的误解，认为直接融资的效率一定高于间接融资。事实上，所谓直接融资，其实是一个微观概念，它只是针对某一笔交易来说的。在宏观上，并不存在这个概念。

债券交易不会触发货币创造机制，这是正确的，但是债券交易完全可以包装得非常复杂，非常"间接"。若干个债券打包，分割，再打包，再分割，中间还可以穿插各种衍生品。股权也是这样，层层嵌套，各种控制方法眼花缭乱。反倒是银行业务，完全可以做得非常"直接"，一存一贷，业务便完成了。

有些人认为经济增长减速期间，直接融资必然更有效率。这个理解是片面的，在经济增长减速期间，社会平均的投资回报水平必然同步下降，倒逼投资者调整风险偏好。所以大家不要因为银行存款或者理财的收益率太低，就觉得无趣。银行产品收益率低是因为全社会平均

---

　　⊖　从万得金融终端读取信息，计算所得。

回报一直在降低，投资者当然可以挑选更高收益的产品，但那都是要用承担更高风险来交换的。

打个比方来说，间接投资就像买基金，直接投资就像买个股。前者盘子大且分散，自然呈现出低风险、低收益的特征。后者集中于几个标的，自然呈现出高风险、高收益的特征。如果投资者想要一周内暴赚30%，那只有买个股才有可能实现，但是因此说买个股强过买基金，那可就不一定了。

我们一直在说，金融应当服务于实体经济。从满足这个要求的角度看，融资交易肯定是越简单越好。要说完全没有中间商赚取差价，这恐怕是做不到的。然而尽量少一点中间商，则完全可以做到，也是应当争取的状态。说到这里，又回到我们最前面讲的，国家整体金融包装复杂度的问题。没有一点包装，水至清则无鱼；过度包装，不仅喧宾夺主，而且更有可能引发债务问题。

综上所述，没有理由认为中国的债务问题比美国或者欧洲一些国家、日本更加危险。海外媒体对所谓中国债务问题的关注，既有误解的因素，也有炒作的因素。我们应该用专业知识武装自己的火眼金睛，看透这片乌云。

## 透过现象看本质

在中美两国的金融系统中，其实最大的差异既不在股票，也不在贷款，而在债券。美国有一个高度发达的企业债券市场，而中国的企业债券市场本身就处在发展之中，其中金融机构债券占大部分，然后还持有很多城投公司债，很少有一般意义上的实体经济企业来发债。

为什么会这样呢？理由在微观细节上。贷款只要经过一家银行里的几个部门就能操作了，企业的业务流水都在银行系统里，尽职调查的天然成本是很低的。债券则需要面向整个市场宣传自己，否则随便哪家企业都能发行债券，投资者该如何辨别风险。在没有声誉、没有信任的情况下，投资者往往会要求更高的利率，以补偿风险。所以，越是声誉卓著的大企业，利用债券融资就越是合算；越是小微企业，则越依赖贷款。

在中国，中国工商银行长期是企业里的市值冠军。仅在近些年，它的市值才被几个高估值的企业超过。而且从净资产和净利润的角度看，大型国有银行几乎是一骑绝尘地领先于工业企业。

反观美国，银行里的"带头大哥"是摩根大通，它只有 3000 多亿美元的市值。而苹果公司的市值最高时接近 3 万亿美元，特斯拉也曾接近过 1 万亿美元。联合健康、强生、沃尔玛等实业巨头的市值也都远远超过了摩根大通。

总而言之，中国是大银行小企业，美国是大企业小银行。由于历史原因和社会原因，中国的银行，尤其是国有大行，在中国民众心目中的信誉极高，此处信誉高低之差足够维护一块银行的利润空间。而在美国人看来，可能许多企业都比银行更有信用，他们更愿意给这些企业直接融资，没有必要通过中间媒介。

中国有个成语叫削足适履。假如我们一心就想把中国的金融市场搞成美国那样，方法倒也简单。只要把所有大型银行全部拆解，然后交给私人控股，每年再有几百起违约事件。人们对银行没那么大信心了，相对地认为还是龙头企业更靠谱一些。那么企业债不就可以发行了吗？只不过，这个转变是靠"比烂"来完成的，企业的最终融资成本不太可能降低，反而很可能大幅上升。

我们还可以运用国家资产负债表的宏观思维，勾勒一下中国银行业的基本框架。一方面，中国现在是，将来也有望保持世界第一大工业国的地位。对于工业企业来说，利用银行贷款更便利，成本也更低，这是由工业企业的内在特征决定的。因此，世界第一大工业国必然拥有世界最大的银行业。另一方面，银行的业务规模要求相应的资本金做支撑。这又是由银行的商业模式决定的，不存在轻资产的银行业。从这个角度看，银行业必须有稳定的利润来推动资本金增长。如果银行业普遍亏损或者没有利润，企业获得贷款的来源就会受到影响，就无法维持经济规模的增长。甚至有可能发生被动抽贷，即所谓资产负债表衰退。当然，少数上市银行可以增发融资，但相比全行业来说只是杯水车薪，并不能改变宏观格局。

综合上述两条，只要中国还坚持以工业为产业主体，只要中国经济还能维持长期发展，那么就必然需要一个规模庞大且利润稳定增长的银行业。从这个角度看，我们应该能够更好地理解"银行的特殊系统重要性"的含义。

第 5 章

# 美国的成长股牛市

- 我们从美国股市一枝独秀这个现象入手，层层剥开，最终发现它背后有一个非常复杂的因果链条，各种变量交织在一起。其中股价是来自金融市场的，收入、利润是来自企业基本面的，GDP、赤字和通胀率是来自宏观经济的，最后汇率又是来自金融市场的。这样一种金融市场与实体经济相互作用的现象，是不是很新奇呢？

- 事实上，如果我们仔细研究美国的历史就会发现，这个国家迅速崛起的秘密其实就是：规模。规模是决定现代产业效率的最重要单一因素，在工业化时代是这样，在信息化时代更是这样。

- 具体而言，运用货币政策和财政政策促进科技创新，这个方向是正确的，逻辑上也行得通，但是调整幅度也很关键。哪怕是很好的政策，操作过头了，也会产生负面效果，即所谓过犹不及。

● 那么在鲍威尔先生和 TINA 小姐的帮助下，美国的成长股牛市走到今天，是否已经达到了过犹不及的程度呢？

## 一枝独秀的美国股市

有人说，距离产生美。这句话符合人们的一般心理，但并不理性。我觉得更加客观的说法是，距离产生新视野。确实有些东西，我们在分时图和日 K 线图上是看不到的，只有把视角拉远，在周 K 线和月 K 线图上才能看得清楚。

让我们把视角设定在过去十年的尺度上，然后把全球主要市场的指数图形放在一起，很容易就会发现有一个指数特别不合群，那就是美国的标准普尔 500 指数。事实上，如果把纳斯达克指数也放进来的话，那么美国股市中一枝独秀的现象就会更加明显。图 5-1 中各个指数的起点都被标准化到 1。

图 5-1　指数对比（一）

资料来源：彭博。

　　请注意，我们这里用来与美国指数对比的分别是 MSCI 欧洲 ETF、日本 ETF、印度 ETF、中国 ETF，为什么要用 ETF 而不直接使用这些国家本身的指数呢？因为汇率的影响，比如印度股市，虽然它的标杆指数 NIFTY 50 的涨幅不小，但同时卢比的汇率也一直在下跌，两者相互抵销。如果我们使用美元计价的 ETF 来看的话，过去十年的印度股市表现其实相当平淡。

　　MSCI 指数公司还有一个 MSCI 全球指数，它把全球所有国家的股市都按照流通市值加权组合在一起了。我们如果拿这个 MSCI 全球指数和标准普尔 500 指数相比，那么还是标准普尔 500 稳稳地一路跑赢，这说明美国股市是真正地领跑世界。图 5-2 中各个指数的起点都被标准化到 1。

图 5-2　指数对比（二）

资料来源：彭博。

　　可能有人会说了，美国是当今世界第一强国，华尔街又代表着美国经济，美国股市跑赢其他国家当然是天经地义的事情。其实也不尽然，如果我们把目光稍微往前移一下，就会发现 21 世纪头十年的情况与之后十年的情况截然不同。图 5-3 中各个指数的起点都被标准化到 1。

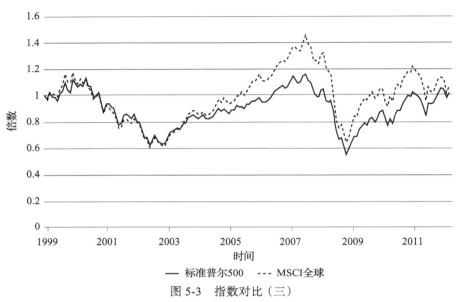

图 5-3　指数对比（三）

资料来源：彭博。

如果再往前拉十几年呢？确实，20 世纪 90 年代又是一段美股跑赢世界的时间。不过这些变化至少说明，美股跑赢世界并不是什么一成不变的趋势，它是可以具体分析的。我们也许可以针对每一个十年进行分阶段研究，去找到它背后的原因，但那就超出本书的内容范围了。

21 世纪第一个 10 年，美股不再跑赢世界的同时，美国股市的风格是价值跑赢成长，而中国股市更是流行由五朵金花（银行、钢铁、煤炭、电力和汽车）主导的价值投资。这个简单的历史事实，也许对于我们判断未来有一定启发。

现在我们还是聚焦到最近十年美国股市的一枝独秀的现象上来。是什么原因造成了这个现象呢？对于大多数投资者来说，他们的第一反应可能就是美联储极端宽松的货币政策造成了美股的一枝独秀。我觉得这种条件反射是完全可以理解的，因为 A 股的历次全面大牛市，无一例外地都与货币政策有关。不过对应到美股上来，这个因果关系并不明显。

我们可以从图 5-4 中看到，美国利率中枢不断下降的趋势，事实上从 20 世纪 80 年代就开始了。在这个宏观趋势下，既有 21 世纪 20 年代的美股相对跑赢，也有 21 世纪前 10 年的美股相对跑输。另外，虽然在 2008 年之后美联储长期保持基准利率为 0，但是美国十年期国债收益率在此期间总体上并没有下降趋势，如图 5-5 所示。换句话说，如果宽松货币政策可以解释美国股市长牛的话，为什么它没有同样地影响到长期债券呢？

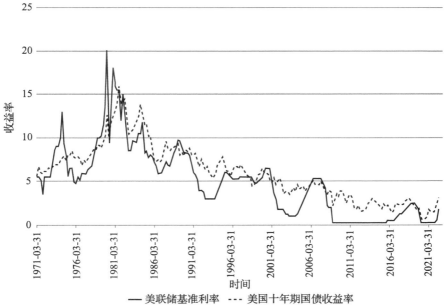

图 5-4　美联储基准利率与美国十年期国债收益率对比

资料来源：彭博。

如果我们把视野拓宽到大西洋两岸，"货币宽松说"的问题就更加明显了。欧元是仅次于美元的世界第二大储备货币。它的利率条件比美元更加宽松，甚至可以说是宽松得多，然而欧洲股市却并没有走出大牛市，可见水涨未必船高。如图 5-5 所示，显示了美国和欧元区十年期国债收益率的走势。

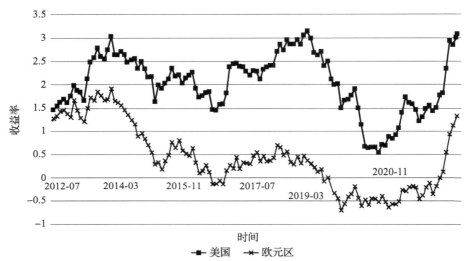

图 5-5　美国和欧元区十年期国债收益率

资料来源：彭博。

打一个比方来说，如果你在操场中央拧开水龙头，那么哪怕放水放得再多、时间再久，地上未必会有积水，因为它都流到别处去了。只有水龙头放水还不行，想要股市长牛，还得有一种约束性的力量，才能够阻止水流到别处去。

## TINA 现象

这种约束性的力量是什么呢？华尔街投资者心里是很清楚的。他们经常讲，最近十年美国股市的一枝独秀现象是由两个"人"共同促成的。一位是美联储主席鲍威尔先生，另一位则是 TINA 小姐。

这位神秘的 TINA 小姐是谁呢？其实它并不是人，而是一个短语"There Is No Alternative"的缩写，翻译过来就是无可替代的意思。只不过这个短语的首字母缩写"TINA"，恰好是一个女性英文名字 TINA 而已。总而言之，只有宽松的货币是不够的，还要能让别人觉得你是 TINA（无可替代）才行。

要说美国股市 TINA，华尔街确实有这个底气。图 5-6 和图 5-7 分别是美国标准普尔 500 指数和欧洲斯托克 600 指数的收入与净利润变化图。欧洲斯托克 600 指数是道琼斯公司编制的覆盖欧洲各国的综合指数，它的代表性要比任何单一国家的指数都广泛，而且解决了欧洲非欧元区国家的汇率问题。图 5-6 和图 5-7 中各个指标的起点都被标准化到 1。

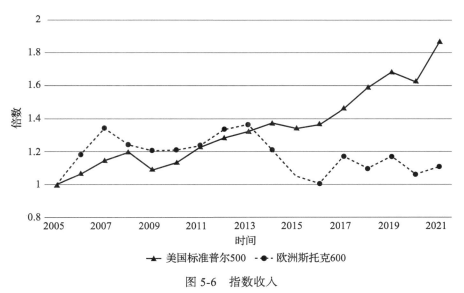

图 5-6　指数收入

资料来源：彭博。

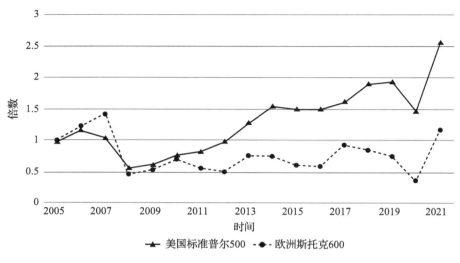

图 5-7　指数净利润

资料来源：彭博。

最近十年，美国标准普尔 500 指数的收入增长了近一倍，净利润则翻了一倍多。而欧洲斯托克 600 指数则长期原地踏步，至今仍在为回到 2008 年金融危机之前的高点而努力奋斗。

这样一比，美国股市的 TINA 就容易解释了。在欧洲人看来，自家的上市公司实在太不争气，要收入没收入，要利润没利润。难怪欧洲央行再怎么释放货币，欧洲人要么留着不用，要么还买债券，实在不行就换成美元去买美股，反正就是对欧洲股票提不起兴趣。

原来美国股市一枝独秀的背后，是美国股票基本面的 TINA。这可以算是一个符合价值投资理论的答案了，不过如果我们追问一句，美国股票基本面 TINA 的原因又是什么呢？凭什么欧洲上市公司就不行呢？答案是美国 GDP 的 TINA。

图 5-8 是美国与欧元区国家的现价美元 GDP 走势图。从中我们可以看到，过去十年美国 GDP 增长了大约 60%，而以美元计算的欧元区 GDP 至今仍在 2008 年高点附近徘徊。

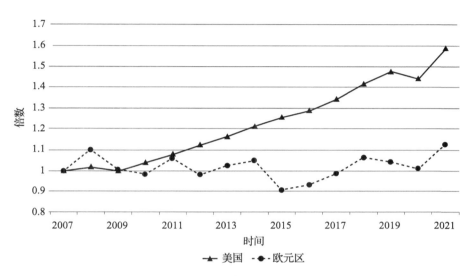

图 5-8　美国与欧元区国家的现价美元 GDP 走势图

资料来源：彭博。

欧元区的 GDP 表现如此疲软，上市公司的基本面又能好到哪里去呢？于是欧洲上市公司业绩不行的答案也找到了。从根本上讲，就是因为欧洲的宏观经济不景气。

在 GDP 走势迥异的背后，还有美欧之间的财政开支力度差异。2010～2019 年，美国平均每年都比欧盟多开支相当于 GDP 2% 的财政赤字。只这一条就顶起来 2 个点的 GDP，而欧洲至今都还在往 2008 年高点缓慢爬行，它的 GDP 想要增长 2 个点，那得有多费劲。

事实上，美国的财政开支不仅力度大，而且在关键时候绝不含糊。

2008 年逆周期调节就数它力度最大；新冠疫情暴发初始，美国更是第一时间启动直升机撒钱模式，使得当年财政赤字将近 GDP 的 15%。而欧元区慢吞吞地讨论半天，最后开出了 6 个多点的赤字，其中差别有如云壤，如图 5-9 所示。

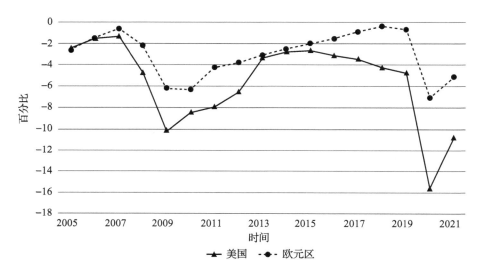

图 5-9　财政赤字与美元 GDP 走势图

资料来源：彭博。

如此看来，美国不仅 GDP 是 TINA，在开支赤字方面也是 TINA。

那么欧美两地的通胀水平又如何呢？十几年来，美国的通胀率始终是高于欧洲的，或许这也是赤字率差异的一个副作用。美国政府 TINA 的救市力度给了人们更强的消费信心，如图 5-10 所示。

我们前面已经看到了，美国的赤字率高，通胀率也高，最后我们来看汇率。按照国际货币基金组织（IMF）的标准，汇率肯定得大幅下跌，这就是典型的发展中国家负面案例，如图 5-11 所示。

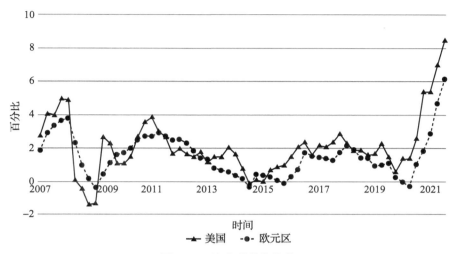

图 5-10　消费者价格指数

资料来源：彭博。

图 5-11　欧元兑美元走势图

资料来源：彭博。

　　然而过去十年，美元兑欧元却是持续升值的。从 2011 年底到 2021 年底，美元的累计通胀率比欧元区高 10.8 个百分点。也就是说，美元的购买力相对下降了将近 11%，然而美元兑欧元的汇率却升值了 13%。截至 2022 年中期，欧元汇率进一步大跌将近 10%，几乎达到了与美元 1∶1 的水平。这么看来，美元才是真正的 TINA。

## 美国大循环

我们从美国股市一枝独秀这个现象入手，层层剥开，最终发现它背后有一个非常复杂的因果链条，各种变量交织在一起。其中股价是来自金融市场的，收入、利润是来自企业基本面的，GDP、赤字和通胀率是来自宏观经济的，最后汇率又是来自金融市场的。这样一种金融市场与实体经济相互作用的现象，是不是很新奇呢？

其实一点儿也不新奇。在《金融炼金术》中，索罗斯就把这种金融市场与实体经济相互作用的现象称为反身性。这种反身性在股票市场上是最常见的，当投资者给予一个公司高估值的时候，这个公司发行股票进行融资的成本就降低了，公司的基本面有可能就要改善了；而当投资者给予一个公司低估值的时候，这个公司的融资成本就上升了，公司的基本面有可能就要恶化了。

有人把这套逻辑再抽象概括，称为"预期自致"现象。大致意思是，一件事情本来不是那样的，因为你坚持认为是那样，于是最终真的变成那样了。比如，你坚决要把某人当成敌人来对待，那么哪怕本来他并不是你的敌人，最后也有可能真的会变成你的敌人。

不过在《金融炼金术》中，索罗斯的思路还没有这么开阔。他所描述的反身性，主要就局限在股票和外汇市场。在关于外汇市场的章节里，他描述过一种独特的经济金融现象。因为当时的美国总统是里根，所以他将之命名为里根正循环。

里根正循环的逻辑是，如果一国的汇率上升，则该国的进口商品变得更便宜，通货膨胀压力得到缓解，于是该国政府可以开支更高的赤字而不必顾虑通货膨胀。更高的赤字推升 GDP，GDP 传导到企业的收入和利润上面，形成利好。在外国投资者看来，该国资产变得更有价值，并涌入其股市。最后，由于外资涌入，该国的汇率进一步上升。于是周而复始，这个逻辑循环将会不断强化，直到自身不能维持的地步，然后才有可能转入逆向循环。

逆向循环这个概念很重要。一般的经济学理论都是静态的，就像牛顿第一定律所说的，物体总是处于静止或匀速直线运动的状态，因此经济学家的模型往往假设参数不变或者是匀速变化的。但是，反身性理论是动态的。在它的逻辑链条里，每一个现象都是前一个现象的结果，同时也是下一个现象的原因。只要这个链条里的任何一个环节失效了，那么整个链条就会像多米诺骨牌一样垮掉，原本运动过头的部分又会调转方向来寻找新的平衡。

在发生转折之前不断地正向加强，在发生转折之后又不断地逆向加强。这样一种动态逻辑的结果就是事物的周期性运动。反身性理论也存在这个问题。无论正向循环还是逆向循环，它们都需要一个足够强劲的事件作为起点。比如，当年里根正循环的第一推动就是来自中东的石油美元。

以 1968 年美国战败越南为标志，世界范围内的民族解放运动达到高潮，第三世界国家开始影响世界格局。作为世界潮流的一个方面，中东连续发生了 5 次战争，引发了 2 次全球性石油危机。索罗斯将 20

世纪 70 年代末美元贬值，通货膨胀高企的这个阶段称为卡特负循环。其实我从辩证法的角度看，卡特负循环正是里根正循环出现的前提。

总而言之，到 20 世纪 80 年代，中东国家拥有了一大笔石油出口收入，他们把资本安放到美国，所以这笔钱后来才被称为石油美元。石油美元的流入助推了美元汇率的上涨，最终它成为里根大循环的第一推动。彼得·林奇、巴菲特，包括索罗斯自己，都是里根正循环带动美股大牛市的受益者。

复习完上述历史之后，我们就会明白，2008 年金融危机之后的美股长牛，其实并没有什么新奇之处，它只是新一轮的美国大循环而已。按照索罗斯的描述，卡特负循环和里根正循环的长度都不超过 10 年，这一轮美股牛市如果从底部算起，到 2022 年它已经走过了 14 个年头；而如果从标准普尔 500 指数 2013 年创新高开始算，那么到 2022 年正好是第 9 个年头。

当今的美国经济就像是一位如日中天的明星。对于它的强势，全世界有目共睹。用投资术语来讲，那就是它几乎所有的优势都已经被充分预期了。未来出现超预期利好的可能性，恐怕要低于出现超预期利空的可能性。如果这个利空事件足够强劲的话，整个正向循环的逻辑都有可能会翻转过来，进入不断自我强化的逆向循环。

我们可以这样演绎：假设由于某种冲击，美股的估值水平出现系统性下降。那么在海外投资者看来，美国资产的吸引力下降，资本不再流入美国并转为流出。美元贬值，美国对外采购的成本上升，美国的通货膨胀加剧，购买力下降引发民怨，于是美联储被迫加息，同时美国政府也不得不压低财政赤字率，最终货币和财政双双紧缩，企业经营恶化，并且进一步压低美股估值……

从这个意义上讲，当今全球金融市场上一个重要的问题就是：有什么样的因素可能导致美股估值水平的系统性下降？这个问题的答案，甚至关乎未来数十年的世界格局。

## 美国的秘密

我当年读完《金融炼金术》之后，第一反应就是尝试用它的框架来解释中国，可是很快就发现行不通。事实上，它的外汇大循环理论框架，只适用于美国，而不适用于其他任何国家。这就很有趣了，为什么会这样？美国有什么特殊之处呢？

打开世界地图，我们就会发现，英国、法国、德国、日本、意大利……这些所谓的西方列强，规模其实都差不多。它们的人口数为 5000 万到 1 亿多，面积在 25 万平方公里到 50 万平方公里，人口和面积不超过 1 倍，人均 GDP、工业化程度和教育卫生指标也都相差不远。

正因为这些国家的基本面相差不远，所以一方想拿这其中任何一个国家来讨论 TINA 的故事时，另一方都可以用其他国家进行质疑。即使能够启动一个法国正循环或者德国负循环，它转不了几圈也就会熄火。这主要在于市场对它们的想象空间是有限的，好也好不到哪儿去，坏也坏不到哪儿去。

这就好比二级市场，涨太多了大家都来卖，跌太多了大家都来买，这样就形成了一个箱体。用反身性理论来解释，那正是因为大家都觉得彼此差不多，所以结果大家就真的彼此差不多了，谁也不存在独立的行情。

从这个角度说，20 世纪 80 年代的日本泡沫经济能够形成，在某种程度上也是因为日本文化的独特性，有一点 TINA 的味道。当年美国有一本畅销书叫作《日本第一》，里面把日本的终身雇佣、年功序列等特有事物都吹嘘了一遍，只不过这种幻象很快就破产了。

可是美国与前面提到的这些国家不一样，它本身就是一个巨型级大陆国家，内部拥有超大规模的统一大市场，跟其他西方国家都拉开了数量级上的差距。资本市场如果要讲 TINA 的故事，就只能在美国讲。

表 5-1 是截至 2022 年 6 月底，全球市值排名前十的上市公司。前十名里除了一个阿美石油公司，其他全是美国公司。可以说，在整个前 10 名的榜单里，美国公司绝对霸榜。

表 5-1　截至 2022 年 6 月底全球市值排名前十的上市公司

| 市值排名 | 公司名称 | 所属国家 |
| --- | --- | --- |
| 1 | 苹果 | 美国 |
| 2 | 阿美石油 | 沙特阿拉伯 |
| 3 | 微软 | 美国 |
| 4 | 谷歌 | 美国 |
| 5 | 亚马逊 | 美国 |
| 6 | 特斯拉 | 美国 |
| 7 | 伯克希尔 – 哈撒韦 | 美国 |
| 8 | 强生 | 美国 |
| 9 | 联合健康 | 美国 |
| 10 | Meta（脸书） | 美国 |

资料来源：彭博。

事实上，如果我们仔细研究美国的历史就会发现，这个国家迅速崛起的秘密其实就是规模。规模是决定现代产业效率的最重要单一因素，在工业化时代是这样，在信息化时代更是这样。

我们做投资的人，很容易接受强势行业、优质赛道之类的说法，但是管理学的论文和书籍里就很少讨论这类话题。对此，我深有感慨。不同的视角导致不同的行为，投资人往往喜欢投资那些"傻子也能管好"的公司，并且回避那些只有"天才才能管好"的公司。历史已经反复证明，时势造英雄，而非英雄造时势。

在我看来，造成这一现象的根本原因在于，管理学家不愿意向读者承认：有许多企业病其实是无药可医的。许多成功的案例其实是多种主客观条件叠加的结果，并不能抽象成几条经验就拿去复制。

事实上，经济学家对治国理政也有类似的想法。一个国家的长期经济表现，是由诸多深层次的基本面因素共同决定的。至于具体采用哪种经济政策或学说，实际在很大程度上只是服从于这种必然性，一个人或几个人能够施加的影响其实是很小的。

那么是否存在某些因素，导致有些国家"傻子也能管好"，而有些国家"天才才能管好"？我相信，这至少是我们理解历史的一个可选维度。

1776 年独立之前，美国是英国的殖民地，领土也只有紧贴着大西洋沿岸的一片狭长地带。随后在整个 19 世纪上半叶，美国通过战争、购买土地等方式，不断向西扩张。直到 1848 年夺取加利福尼亚，其领土扩张达到了太平洋沿岸。1861 ~ 1865 年，美国进行了一场南北战争，由此完成了内部市场的彻底整合。

美国最初独立的 13 个州，总面积达到 80 万平方公里，已经大于英国、法国、德国、日本等国。等到扩张全部完成后，美国的国土面积达到 937 万平方公里，增长了 10 倍多。随之而来的是远超任一欧洲国家的农产品、矿产品产量，以及遥遥领先的铁路里程、工业品种类和销量。1900 年，大英帝国仍是当时名义上的世界第一强国，但是美国卡内基钢铁公司一家的钢产量就可以超过大英帝国。

二战后，美国一度占据全球工业产值的半壁江山，坐拥全世界75%的黄金储备。美国有全球最大的单一市场，技术创新可以在这里发挥出最大的商业价值，研发费用可以得到最充分的分摊。现代经济的特征就是最大的市场拥有最高的效率，所以说美国能够暂时在某个领域领先，就不足为奇了。

在商学院的教材里，规模经济的代表案例通常是日本的丰田汽车，但其实规模经济的鼻祖是美国的福特汽车。1908年问世的福特T型车，单一车型在美国境内先后销售了1500万辆。哪怕在一百多年后的今天，也没有几个车型能够卖到这个数量。

我们就按照每3人买1辆车计算，世界上人口能够超过4500万的国家就没有几个了。这般规模优势是多么巨大，很难想象其研发费用和营销费用可以摊薄到什么程度，它的竞争对手又该是怎样的绝望。

美国这个独特优势还外溢到其他领域，造就了一个专门的术语，叫作美国例外论（American Exceptionalism）。许多人从道德上评判美国例外论，这在经济上没有多少意义。龙头公司享受溢价是自然规律，如果行业排名第1和行业排名第100的企业市场溢价等量齐观，那才是不符合自然规律的。

在互联网时代，流量为王，胜者通吃，这些道理已经是妇孺皆知了。在互联网时代之前，好莱坞电影风靡全球，也是同样的道理。大市场分摊大成本，大成本堆出大制作。先在全球最大的本土市场把产品打磨成熟，然后再远销世界各地。几十年上百年过去了，其实做到最后还是这个套路。

不过时至今日，事情可能起了一点变化。这个席卷天下的套路，它的最新实践案例来自中国的抖音（TikTok），而不再是来自美国。

## 互联网思维

在索罗斯的美国大循环框架里，股票市场被视为一个节点。对股市内部的行业和风格，他并没有展开讨论。但很显然，整个循环过程如果要长期持续的话，那么股票市场中的主导行业和主导风格必须能够提供足够广阔的想象空间，否则这个节点就运转不下去了。倘若股市这个节点不能完成自己的角色任务，整个循环过程也就无以为继了。

具体就 2008 年以来的美国大循环而言，毫无疑问主导风格是成长风格，主导行业则是互联网。在新冠疫情之前，华尔街一直有 FAAMG 之说。其中 F 是脸书（现更名为 Meta），AA 是苹果和亚马逊，M 是微软，G 是谷歌。这五大科技巨头曾经长期占据全球市值前 5 名，而它们的业务都是与互联网高度相关的。包括后来异军突起的特斯拉，它的商业模式中很大一块想象空间也是基于互联网的，而不只是燃油与电能的动力源差异而已。有这么一个形象化的说法，传统造车是在四个轮子上面安装一块屏幕，而新势力造车则是在一个手机下面安装四个轮子，两者的侧重点完全不同。

前些年有一个热词，叫作互联网思维。作为流行语，所谓的互联网思维并没有一个确切的定义，每一个话语的使用者都可以在这个概念里添加自己的内容。不过在我看来，互联网思维的底层逻辑不外乎两句话、六个字：先烧钱，后垄断。其实我们还可以再抽象一点，把这六个字精炼成两个字，那就是：倾销（dumping）。

根据 1994 年《关贸总协定》第 6 条定义，商家以低于"可比价格"销售商品或服务，由此扩大市场占有率，这种行为就叫作"倾销"，是要受到制裁的。有些人可能不明白其中的"奥秘"，认为在倾销的过程中，商家似乎是吃亏的，消费者似乎是得益的。那么商家为什么还要倾销呢？因为它们可以通过这种手段挤垮对手，抑制竞争。

事实上，自从 20 世纪八九十年代，世界上第一批互联网公司诞生之日起，它们使用的大都是这种类似于"倾销"的手段。比如著名的 2000 年微软分拆案，当年微软就是把自己编写的 IE 浏览器捆绑在 Windows 操作系统中，免费赠送给所有用户使用。确实，微软这样做，非但用户没有损失，而且任何人都没有现金上的损失，包括微软的竞争对手。可是竞争格局却被破坏了，IE 浏览器遍布天下，其他公司就很难再进入这块市场了，所以用户们损失了"潜在的选择权"。

如果放任这种垄断形成，短期看起来可能没有什么损失。不过，等到微软想要对 IE 的使用进行收费的时候，用户们可就真的束手无策了，这就是反对互联网垄断的根本理由。微软最后迫于巨大的法律压力，不得不承诺停止捆绑，达成和解。

老一辈机构投资者心思比较单纯，它们对互联网公司一开张就巨额亏损的操作方法很不适应，于是发明了烧钱（cash burn）这个具有讽刺意味的词。比如亚马逊公司，从 1994 年成立之初就开始烧钱，一直烧到 2001 年互联网泡沫破裂，它还没有丝毫赢利的样子。自此以后，亚马逊的估值就成了华尔街上争论不休的一个话题。不过从 2016 年起，争论停止了。因为亚马逊开始真正赢利了，而且赢利规模很快就从几亿美元、几十亿美元跃上了几百亿美元的台阶。

有了这样的案例在前，现在的互联网公司已经把亏损当成标准状态。要是烧钱这个词从哪位 CEO 的嘴里说出来，他肯定会被当成是不合时宜的老古董。现在的 CEO 们会非常平淡地告诉投资者：在可预见的未来，公司没有赢利的计划。假如我们严格依照法律要件来观察，几乎所有的互联网公司，都是以"低于可比价格销售产品或服务"起家的。几乎所有的互联网公司，都是以"建立市场优势地位，甚至垄断地位"为经营目标的。不要忘记了，无论哪家互联网公司，无论它们在前期投入了多少成本，它们的最终目的都是要攫取十倍、百倍甚至千倍万倍的利润回报。

既然如此，我们直接用反倾销或者反垄断法律使互联网公司关张不就得了？为什么世界各国都没有这么做呢？因为这里面还有一个大家心照不宣的社会契约。

有一种合法的垄断叫作专利。从历史渊源上说，专利脱胎于政府专营。后来政府把这种垄断权授予特定对象，换取它们服务于公众利益。比如，某人做出了一项发明，假如他要把这项发明藏起来，那么发明是得不到专利保护的。他必须把这项发明的具体内容公之于众，使社会可以从中受益。通过政府审核，授予发明人若干年的垄断经营权，也就是专有利益，简称专利。

因为有发明、公开这两个条件在前面，专利拥有者的垄断行为就变成合理合法的了。可是，专利也具有一定的局限性。第一，这种垄断权力是有年限的，不可能一直持续下去；第二，在必要时，政府可以为了公众利益而限制甚至收回这种权力，比如在大流行病期间免除某种特效药的专利。

如果我们把"专利"和"倾销"这两个概念糅合起来，或许可以窥见西方各国政府对待互联网公司的真实态度。一方面，互联网公司大都怀着"先烧钱，后垄断"的心思，它们的倾销行为肯定有损于自由市场的竞争秩序。但是另一方面，互联网公司又是时代的宠儿、创新的源泉。为了推动技术进步，社会公众似乎应当做出一些让步，在一定程度上默许它们的倾销把戏。只不过，这种"专利"不应该是无休止暴利的通行证。它必须在时间上有限制、幅度上有节制，毕竟一切社会契约最终要有利于社会公众，否则它就没有存在的合理性。

厘清了来龙去脉，我们就能够更好地理解，为什么今天的太平洋两岸都在谈论互联网反垄断。虽然各国的政治、经济、历史、文化都有很大差异，但是在公平与效率大周期转换的背景下，各方又同样面对着世界潮流的冲击。这就好比是一张卷子，多人答题。中国从2020年下半年已经开始答题了，美国现在可能还在构思阶段，但是我相信，它迟早也是要落笔的。

假以时日，中美两国互联网反垄断的答卷将会怎样书写？现在我不敢妄言。不过我相信，平台经济也好，大型科技企业（big tech）也好，它们对技术进步的贡献是不容抹杀的，但是它们获取的回报也同样惊人。社会公众对它们可以说是有功有赏，两不相欠。

对于还在成长过程中的科技企业来说，以技术进步换取"倾销专利"的社会契约应该还是可以成立的，不着急把过去的商业模式全部推倒重来。更何况，打破巨头垄断反而会扩大其他企业的生存空间。只不过投资者应当充分预期，这个潜在的垄断利润肯定会受到限制，不可能"前途无量"。

我们前面已经讨论过，承担社会责任不是国有企业的专有义务。新时代的社会责任分担方式应该是：能力越大，责任越大。投资者们应该把这个新预期纳入估值水平。

## 欲速则不达

2008 年金融危机之后，全球主要发达国家都开始了运用公共资源调节经济的新实践。有一部分专家学者和社会公众可能还不太适应，不过在 2020 年新冠疫情中再次证明，时代转折的速度往往超过人们的想象。

2500 多年前的孔子就有一条很好的忠告：无欲速，无见小利。欲速，则不达；见小利，则大事不成。具体而言，运用货币政策和财政政策促进科技创新，这个方向是正确的，逻辑上也行得通，但是调整幅度也很关键。哪怕是很好的政策，如果操作不当，也会产生负面效果，即所谓过犹不及。

那么在鲍威尔先生和 TINA 小姐的帮助下，美国的成长股牛市走到今天，是否已经达到了过犹不及的程度呢？我觉得有三个方面的迹象值得注意。

首先，部分科技巨头已经形成市场垄断。这种垄断的初级形式主要体现在产品层面，比如强制推行某种增加用户成本的软件更新。讲得严重些，这种手段类似于诈骗，即以软件的 A 形态吸引用户，等到建立黏性之后，就逐渐把 A 形态变成 B 形态。这个过程是强制的，而且原来的 A 形态再也回不去了。其他的，类似有强制用户二选一排挤竞争对手，秘密收集用户信息倒买倒卖等，不过这些形式比较明显，也相对容易纠正。

更加隐蔽的垄断发生在资本层面，比如我们前面提到的 FAAMG 五大公司。它们各自占据一片肥沃的细分市场，相互产品并不重叠。各自的扩张也是分头进行，很少发生巨头之间的正面对决。

从商业逻辑上讲，如果仅仅是巨头之间存在某种平衡，这其实是完全可以理解的。如果少数巨头之间进行排他性合作，那就明显存在垄断嫌疑了。仅目前已知美国司法部门正在调查的案件，就有苹果给谷歌引流，以及谷歌与脸书密谋操纵广告价格等。

在硅谷创投圈子里，有一条不成文的规定，那就是谁也不投模仿者（no copycat）。这一点与中国资本的风格完全不同。比如在美国，没有敢于与亚马逊全面竞争的对手。不过最近几年，大家逐渐明白了，这条规定只对硅谷圈子的内部人士有效，比如中国的抖音和希音（Shein）进入美国市场之后，立即引来了无数模仿者，甚至脸书和谷歌这样的巨头都放下身段，推出了高度模仿的产品。

为什么会有这样的区别呢？答案也是垄断。如果我们把整个硅谷创投圈子理解为一个整体，那么不投模仿者就是合理的。因为从模仿者身上赚到的钱，往往抵不上模仿者对整个市场价值造成的估值削减。比如，如果这块市场让 A 独占，那么 A 的估值可达 100 亿美元，可是如果这块市场由 A 和 B 分享，那么 A 和 B 就只能分别估值 50 亿美元和 30 亿美元，加总也不过才 80 亿美元，远低于之前的 100 亿美元。

这种方法使用到极致，就是所谓的赋能。比如市场上有几个性能各异的产品正在竞争，这时候某个巨头发话了：谁让我参股，我就把流量引导给谁，谁就能发展起来，把其他人排除在外。反正巨头的投资必须要增值，至于产品到底好不好，用户感受怎么样，并不在考虑的范围内。

其次，财务纪律日益松弛。过去十年，美国股市中的僵尸公司，即营业利润不足以支付债务利息的公司占比不断上升，目前已超过 1/5。当然，财务意义上的僵尸公司未必就没有经济价值，也许只是虎落平阳罢了。

中国有句老话，叫作救急不救穷。这句话其实与英格兰银行的白芝浩原则⊖有异曲同工之处。也就是说，基本面良好的借款人因为短期因素而面临困难，这是应该救援的；而长期基本面有问题的借款人则应当接受市场经济的淘汰，不应该给予救援。根据上述原则，分辨一个公司是否有经济价值的核心标准，就取决于对方所面临的困难到底是长期的，还是短期的。由于美国超宽松货币政策和财政政策的持续时间长，本轮牛市估值水平上升的持续时间也长，这就导致投资者很难分辨那些僵尸公司到底是面临着急的问题，还是贫穷的问题。

我们以优步为例。如果完全不考虑赢利，那么它的业务本身确实十分兴旺。由于欧美国家人口稠密的地区相当有限，所以如果把赢利问题考虑进来，那么优步也许已经过度扩张了，它已经进入了许多人口密度不足以支撑其赢利的地方。当然这只是一个猜测，毕竟按照巴菲特的说法，只有在退潮之后，才能知道谁在裸泳。

还有一个现象值得我们关注，那就是新冠疫情开始之后，淤积在一级市场的独角兽（估值超过 10 亿美元的未上市企业）数量急剧增长。

⊖ 在金融危机时，银行应该慷慨放贷，但只放给经营稳健、拥有优质抵押品的公司，而且要以足够高的、能吓走非急用钱者的利率来放贷。

与此同时，某些独角兽登陆二级市场之后的表现却极为惨淡。从二级市场到上市前（Pre-IPO），再到 D、C、B、A 轮，最后到天使投资，这些细分市场之间的关系就像一列火车。如果车头急刹车，那么后面的车厢便会一节一节地撞上来。从这个角度说，二级市场的估值水平只要停止上涨，哪怕只是稳住，就会引发"车祸"。

最后，这个迹象是完全微观的。经济学理论一般假设，物质激励可以提高劳动效率，但是在现实世界里，效用曲线却是弯曲的。比如，员工的年薪从 4 万美元提升到 8 万美元，这个激励效果是非常显著的，然后再从 8 万到 16 万，从 16 万到 32 万，从 32 万到 64 万……虽然物质激励的绝对金额越来越大，但是它对劳动效率的提升却越来越不明显了。我们甚至无法判断，就在特斯拉股价暴涨，埃隆·马斯克的身家超过 2000 亿美元之后，他到底是工作更加努力了，还是变得更加玩世不恭了。

类似现象在科技企业中是非常普遍的。无论是大公司高管还是创业团队，只要与资本市场沾边，就有相当多的机会实现财富快速增长。数年之间，财富增长几千万美元、上亿美元显得稀松平常，增长几亿、几十亿美元也不足为奇。比如有人创建了一个加密货币交易所，短短三五年内就获得了相当于几百亿美元的身家，远远超过李嘉诚、马化腾等人。

这种物质激励，是否还能起到提高劳动效率的作用？这个问题可以留给经济学家去研究。请注意，当我们在谈论物质激励的时候，其实已经做出了许多次博弈的前提假设，即你这次表现好，有回报，下次请表现得更好。如果对方想的是一锤子买卖，直接退出游戏呢？那么情况就完全不同了。我们作为投资者，更应当关注随之而来的造假问题。

许多人都爱讲千金买骨的故事，意思是马骨头都有人愿意出高价购买，那么千里马更应该纷至沓来。这个逻辑是可以成立的，但是别忘记了，纷至沓来的可不只是千里马，还有骗子和掮客。这里面的尺度，把握得好，就是"战国策"，把握不好，就成了"皇帝的新衣"。

最近几年，创业公司财务和技术造假的新闻时有出现。其中，影响较大的事件包括医疗行业的 Theranos 和金融行业的 Wirecard，它们都给投资者造成了上百亿美元的损失。事实上，这些事件本身并不稀奇，稀奇的是它们爆发的时点。通常来说，在牛市中，估值水平会不断提升，企业花费一点成本来掩盖造假行为是相对容易的，所以通常认为周期见顶之后才是造假案例大量爆发的时候。比如在上一轮互联网泡沫破灭后，就出现了安然和世通这两个世界历史上影响规模巨大的财务造假事件。那么在本轮美股成长股牛市行情结束之后，它们的可耻纪录是不是会被打破呢？依我看，概率很大。

## 通胀只是开始的开始

在阿拉曼战役<sup>⊖</sup>获胜之后，丘吉尔说了一句名言："这不是结束，甚至这也并非结束的序幕已然到来，但或许，这是序幕已经结束。"这句话似乎不好理解，如果我们把要素补齐，他的意思应该是这样：这不是结束（阶段）的开始，但这可能是开始（阶段）的结束。整体意思相当于中国老话：后面的路还长着呢。

---

⊖ 阿拉曼战役，第二次世界大战中的著名战役。

从 2021 年下半年开始，欧美国家出现了明显的通胀，同时股市见顶下跌。到 2022 年中期，大西洋两岸的 CPI 都达到了 8% ～ 9% 的高水平，标准普尔 500 指数一度跌入熊市。目前金融市场的一致预期是，2022 年第 3 季度，欧美国家的通胀水平都将见顶回落。若是果真如此，那么它将是结束阶段的开始，还是开始阶段的结束呢？

按照本书的分析框架，我们能够推测出，欧美国家 2022 年中期的高通胀很可能只是开始阶段的开始。

这里面包含两重周期性因素的作用。第一重是世界潮流逐渐从效率优先转向公平优先。它的单边时间跨度是 40 年左右，一个典型周期的长度可能是 80 至 100 年，即所谓世纪变局。第二重是美国大循环从正向循环转向逆向循环。它的单边时间跨度是 10 年左右，一个典型周期的长度可能是 20 至 30 年，也就是新一代人成长为社会中坚所需的时间。

第一重周期的趋势方向已经比较明显了。过去 40 年全球通胀水平走低的根本因素是全球化，尤其是愉悦的全球化。中国的劳动力、巴西的铁矿石、沙特的石油、俄罗斯的天然气、智利的铜矿石……所有资源都按照效率最大化的要求进入市场，自然能够实现低廉的价格。

但是现在看来，人们更多地把注意力集中在分蛋糕而不是做蛋糕上面。西方国家对工作岗位流失和贫富差距拉大等社会问题的厌恶，已经盖过了对经济效率的追求。请注意，当以美国为首的西方国家开始拒绝全球化，开始为自由贸易设置种种障碍的时候，全球经济的潜在增长率就已经被伤害了。其他国家追求效率的努力也在一定程度上遭受了打击。对后者来说，做蛋糕也变得困难起来，于是不得不转向分蛋糕。

公平与效率之间的矛盾往往是微妙而不那么直接的，比如，救助系统重要性银行属于社会公平的议题，而金融资源的国际配置则属于经济效率的议题。这两者之间似乎没有冲突，可是现在有一个很现实的问题。如果富国银行出现风险，美联储是一定会给予救助的。如果汇丰银行这样高度分散的跨国银行出现风险，那么应该由谁来救助？恐怕英格兰银行也没有这样的决心和资源。

曾经不可一世的跨国资本，现在也必须抱紧一个母国才能安稳入睡。在这个过程中，牺牲一点经济效率可能就成为无法避免的代价。总而言之，大周期的趋势转向往往是缓慢却坚决的。它可能会以各种各样意想不到的形式表现出来，我们应当对此保持清醒头脑和充分预期。

第二重周期的趋势还未完全明朗。2022 年上半年美元汇率超强，兑换欧元和日元均有大幅升值。这可能是因为俄乌冲突进一步凸显了美国的 TINA 地位，主要体现在以下三个方面。

首先是军事。整个西方的武力保障需要依靠美国，这一点无须强调。因此在西方的安全议题上，美国是不可替代的。

其次是政府执行力。以绝对水平论，美国政府的执行力确实在最近几年明显衰退，但是与欧洲和日本的政府比起来，美国政府又显得说一不二。无论面对经济危机还是社会危机，如果有突然事件发生，美国政府是西方世界中唯一能够快速强力响应的力量。

最后是自然资源。美国国内拥有丰富的页岩油气，这是欧洲和日本都不具备的。因此在资源自给能力上，美国也是无可替代的。

我们也应该看到，上述三条美国 TINA 的理由，与过去十几年美国

TINA 的理由并不相同。2008 年以来的本轮美国大循环其实已经处在从停滞到逆转的过程之中，只不过因为其他更短期的冲击而暂时振作起来，我们不能排除这样的可能。

我们可以用气温的变化来打比方，每年四、五月份由春入夏，气温总体肯定是向上走的，但是如果我们下午测一次气温，晚上再测一次气温，则有可能发现读数是下降的。这就是不同周期相互叠加所造成的结果。我们不能用小时级别的读数去否定月度级别的趋势，如果把它们混淆在一起，我们的分析就一定会犯错误。

我们应当看到，以和平与发展为主题的世界秩序本身，即是本轮美国大循环得以运行的前提条件之一。长期以来，人们普遍秉持这样一个信念：科学与技术的创新将会塑造未来世界。如果坦克和大炮才是未来世界的主宰，那么本轮美国大循环所立足的逻辑基础就会被彻底破坏。

事实上，俄乌冲突军事斗争最激烈的阶段可能已经过去了，后续的斗争将更多地表现在经济领域和社会领域。在东南亚和南亚，更多国家正在加入国际分工，开始攀登产业金字塔。与此同时，东亚国家冲击产业金字塔顶端的努力没有一丝停歇。在这种情况下，如果要用其他所有国家都在退步来证明美国的进步，那恐怕是非常困难的。

只要世界的整体和平能够维持，国际商业活动继续开展，那么美国的新三条 TINA 理由就只能构成短期因素。真正重要的长期命题将仍然与过去十几年相同，即美国是否能够保持自身在打造高科技企业巨头方面的无可替代。具体而言，如果 FAAMG 的技术垄断被打破，或者只要出现其将被打破的普遍预期，那么整个美国大循环就将逆转。美元币值可能转入长期贬值通道，并由此导致通胀高企，经济减速，股市下跌。

即使本轮美国大循环确实发生逆转，我们也不应过高估计其影响。就股市而言，潜在的调整或许可与 20 世纪 70 年代的滞胀时期相比，即名义价格保持稳定，而实际购买力大幅下降。对实体经济而言，它的影响也应该在这个尺度上进行估值。我们应当意识到，经过若干年（也许不超过十年）的充分调整之后，美国经济可能又会恢复活力，在许多领域仍将与中国展开竞争。这是由中美两大国家的人口、地理、文化等更加长期的基本面因素决定的。

第 6 章

# 风格转换终将到来

- 如果我们把市场竞争比作艰辛的旅程，那么垄断地位就像是旅程终点的王座。每当有一个人坐上王座，就会激励一千个、一万个人鼓起勇气踏上旅程，向王座进发。美国的成长股牛市令全球投资者如痴如醉，它的迷人魅力直接或间接地影响着世界各地投资者的投资风格。

- 武术圈有一句行话，叫作一力降十会。字面意思是一个身体足够强壮的人，可以战胜十个粗通武艺的人。抽象来说，就是在绝对实力面前一切计谋都是无用的。

- 国际竞争现在也有几分这个意味。首先中国基础产业非常扎实，不可能被轻易击倒。美国的高端产业布局虽广，但只要被其他国家突破一点，就会造成永久性的损失，再也无法收复。

● 对于资本来说，国际竞争是换龙头，从成长到价值是换风格，都不过是一个配置比例的问题。事实上，许多养老基金、捐赠基金、家族办公室等长线资本已经开始这样配置了。这些国际资本进入中国的主要理由是寻求负相关性，利用中外资产之间的负相关性降低波动。通俗点解释，就是涨跌互补，不要同涨同跌。再通俗一点，就是两边下注，既在龙头两边下注，也在风格两边下注。

## 旅程终点的王座

在第 5 章，我们从宏观上考察了美国股市的 TINA（无可替代）现象。那么在微观上，一个真正 TINA 公司应该是什么样的呢？我们就以苹果公司为例，它的历史总股本如图 6-1 所示。

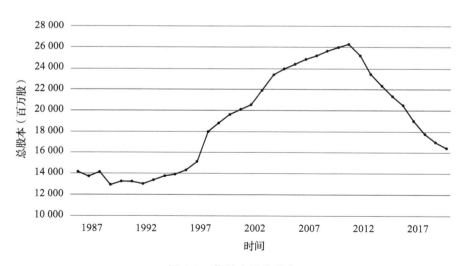

图 6-1　苹果公司总股本

资料来源：彭博。

我们可以看到，苹果公司自 20 世纪 90 年代以来，总股本一直是在缓慢增加的。这里的原因不是再融资，而是股权激励。比如，现任 CEO 蒂姆·库克每年薪水数亿美元，其中大概只有几千万美元是现金，其他部分都是股权。

在以前，硅谷的公司流行发行期权。只有股价上涨，期权的持有人才能有收益。现在苹果这样的大公司，一般都是直接给高管发股票，这其实也是内部人强势，而股东权力相对衰落的标志之一。

从图 6-1 我们可以看到，自 2012 年开始，苹果的总股本就转为下降了。这不是因为它们停止了股权激励，事实上它们一直在做，而且做得更多而不是更少了。那么为什么总股本会缩小呢？因为回购。

这里我们插入一个经典问题，回购和分红到底有什么区别？很多只懂财务原理，对市场交易理解不深的人会认为没有本质区别，实际上区别大了。分红是阳光普照，对所有股东一视同仁，而回购则是定向消灭相对最不看好的股东。

假设某上市公司有 1 万名股东，这 1 万名股东对公司的预期会是一模一样的吗？显然不可能。有的预期高，有的预期低。那么在回购的过程中，那些预期低的股东，他们相对容易选择卖出，所以他们手里的股票一定会先被公司回购，所以我称之为定向消灭。分红对股价的作用是中性的，只是除权而已，而回购则具有强烈的向上拉动股价的效果。

仅看苹果一家公司可能还不能说明问题，我们再看微软从 20 世纪 90 年代至今的总股本走势，如图 6-2 所示。它的走势与苹果差不多，只不过由增转减的时间点要提前到 2005 年左右。

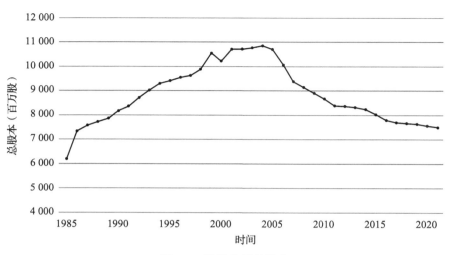

图 6-2　微软公司总股本

资料来源：彭博。

　　我们在图 6-3 中，给出了三家著名美国公司的净资产走势。苹果公司对应右轴，波音和麦当劳对应左轴。

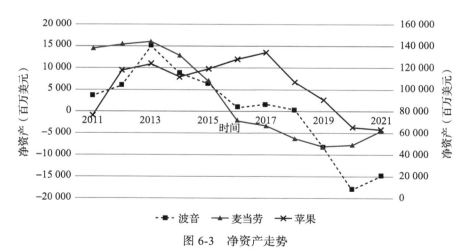

图 6-3　净资产走势

资料来源：彭博。

　　我们可以看到，苹果公司从 2013 年净资产达到 1300 亿美元后就不再持续增长了，2017 年以后甚至开始下降。这一切都是回购造成的。赚的钱都没留下，全部用来回购了，甚至还倒贴钱搞回购。你能想象市值一度接近 3 万亿美元的世界第一大公司，净资产只有 600 多亿美元，市净率（不是市盈率）超过 35 倍吗？另外两家公司更加夸张，波音公司是美国军工复合体的核心，麦当劳则是全球随处可见的美国快餐文化符号。它们的净资产都在 2017 年前后就转为负值了。截至 2021 年底，波音公司的净资产是 –148 亿美元，麦当劳是 –46 亿美元。

为什么正常经营的公司会出现负的净资产？原因就是把折旧的钱拿去回购了。从会计准则上讲，折旧的钱理应是储备起来的，等到原本的固定资产报废后，再用这笔钱购置新的固定资产，以便永续经营。不过这两家公司太自信了，丝毫不怀疑银行或其他债权人一定会愿意借钱给它们重置固定资产，所以它们敢于把现金流全部用于回购。

或许我们可以这样总结：一家 TINA 公司，它在账务上的表现应该是躺赢，当然，躺赢首先是赢。我们一般用净资产收益率（ROE）来衡量一家公司的赢利能力，但是由于这些公司通过回购把自己的净资产变得很少甚至变成负数，所以 ROE 对它们来说已经没有意义了。然后赢只是其次，躺才是关键。一方面，它们丝毫不担心负面冲击，不需要准备净资产来吸收损失；另一方面，它们对未来的竞争格局极度自信，可以压缩投资，把当期利润中的绝大部分用于回报股东，尤其是大量采取回购的形式刺激股价。

同一个事物可以有不同的观察角度，正所谓：横看成岭侧成峰。如果有这么一家公司，财务上表现为躺赢。从投资者角度看是无可取代的，那么它在业务经营上的特征会是什么呢？答案只能是垄断。要不然，它怎么可能躺赢，怎么会无可取代呢？

讲完了个股案例，我们再把焦距拉远一点，看看全局情况。

图 6-4 显示了过去 20 多年，标准普尔 500 指数的经营与投资现金流之和。不严格地说，经营性现金流大体上就是每年企业通过收入减去成本之后挣到手里的利润，数额接近于营业利润。投资性现金流则主要是两方面，一方面是企业用折旧资金去更新报废资产从而维持经营，另一方面则是为将来扩大经营而投入的资金。图 6-4 中的数值经过了彭博终端的自动换算，并不对应任何具体报表。

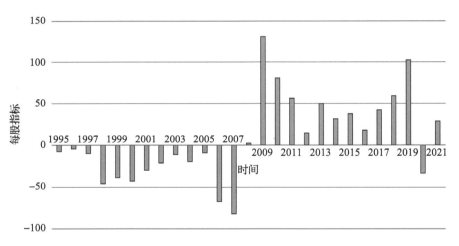

图 6-4　标准普尔 500 指数的经营与投资现金流之和
资料来源：彭博。

我们可以很清楚地看到，2008 年前后，美国股市的基本面出现了重大变化。原本标准普尔 500 成分股作为一个整体是净投资的，金融危机之后立即转为净回报。净投资的财务意义是投资需求旺盛，只投入经营所得还不够，企业还有对外融资的需求。净回报则说明经营所得没有被用于扩大经营，甚至没有用来维持经营，而是以分红或者回购的形式回报股东。

如果我们来观察图 6-5 中纳斯达克指数，就会发现这个转变发生得更早。早在 2001 年互联网泡沫破灭之后，纳斯达克指数整体就已经是净回报状态了。2015 年之后，净回报水平更是急剧提升。

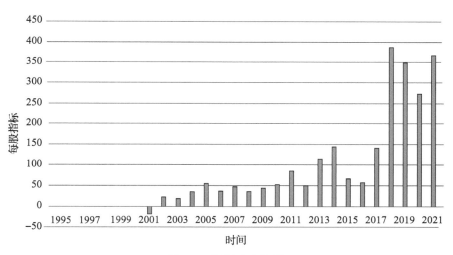

图 6-5　纳斯达克指数

资料来源：彭博。

就行业属性而言，互联网公司经营垄断业务是常态。真正重要的转变如图 6-4 所示，2008 年金融危机之后，互联网公司在美国股市中的权重占比越来越大，甚至整个美国经济表现出日益垄断的特征。对于投资者来说，这当然是一个正面刺激，并且由此产生了一轮绵延至今的美国大循环。

如果我们把市场竞争比作艰辛的旅程，那么垄断地位就像是旅程终点的王座。每当有一个人坐上王座，就会激励一千个、一万个人鼓起勇气踏上旅程，向王座进发。美国的成长股牛市令全球投资者如痴如醉，它的迷人魅力直接或间接地影响着世界各地投资者的投资风格。

然而，有一点大家可能都忘记了：这世上，没有永恒的王座。

## 当美国不再 TINA

大英帝国如日中天的时候，曾经有两个绰号，一个叫日不落帝国，一个叫世界工厂。前者言其领土广大，后者言其工业发达。进入 20 世纪，世界工厂的名号被移交给了美国。此后虽然德国和日本也都以工业发达著名，但是它们几个都没有能够真正地超越美国。

根据世界银行的统计，2011 年中国的工业增加值首次超过美国，到 2020 年已经比美国高 54%。2021 年，中国的出口金额比美国高 32%，发电量比美国高 93%。<sup>⊖</sup>中国已经取代美国成为世界工厂，这一点毋庸置疑。

1995 年，日本的 GDP 达到了相对于美国的最高水平，当年的比例是美国的 73% 左右。此后，日本经济一蹶不振。在 2021 年，中国的 GDP 达到了美国的 77% 左右。这两个数字很接近，因此有人就联想到中国是否会走上日本的老路。

且不说这种联想是否有逻辑基础，这些统计数字本身就具有误导性。事实上，根据国际货币基金组织（IMF）的统计，日本的购买力平价 GDP 从来没有超过美国的 40%。当年那个 73% 的数字不过是 1985 年广场协议之后，日元连续大幅升值的结果。同样以购买力平价 GDP

---

　⊖　彭博金融终端。

计算，中国 2016 年就已经超过美国，2021 年已经比美国高 18%。

换句话说，中国不仅已经取代美国成为世界工厂，而且经济总量赶超美国的过程早已结束，后面就是进一步扩大总量优势、缩小人均差距的问题了。从这个角度看，中美关系早已从根本性质上不同于历史上的美日、美德关系了。

在 2008 年至 2016 年，时任美国总统奥巴马曾经多次谈及"世界第一"的问题，但是后来特朗普就不再谈论这个话题了。同样道理，在 2016 年至 2020 年，特朗普曾经多次表示要在 5G 领域与中国展开竞争，但是后来拜登就不再谈论这个话题了。原因很简单，截至 2021 年底，中国已经建成 5G 基站 142 万个，占全球总数 60% 以上。

为了更加直观地了解中国经济的规模，接下来我们看几张统计图，这里数据均来源于彭博和万得金融终端。在这些图里，我们只分两个数据，一个是中国的数值，另一个是除中国以外的世界各国合计数值。以前总嘲笑有的人没有全球视野，只知道中国怎么样，外国怎么样。谁能想到多年以后的今天，在很多领域，真的可以只分中国和外国了。

第一张图是钢产量，如图 6-6 所示。中国的钢产量从 2016 年开始就超过了其他国家的合计值，中外比从 2016 年的 101% 一路上涨到 2019 年的 117%，到 2021 年，又升至 118%。

第二张图是发电量，如图 6-7 所示。中外比从 2016 年的 33% 上升到 2019 年的 39%，然后再上升到 2021 年的 42%。

第三张图是新车销量，如图 6-8 所示。中外比从 2016 年的 50% 略微下降到 2019 年的 49%，然后猛增到 2021 年的 60%。

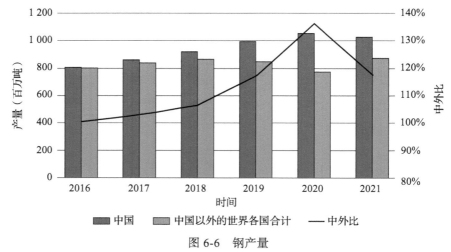

图 6-6  钢产量

资料来源：彭博。

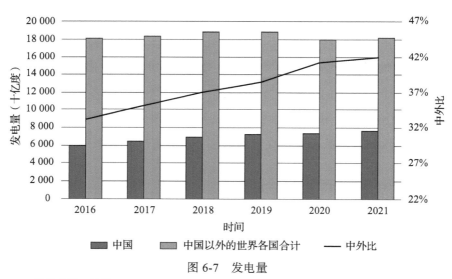

图 6-7  发电量

资料来源：彭博。

第四张图是半导体销售额，如图 6-9 所示。中外比从 2016 年的 32% 略微上升到 2019 年的 33%，然后跃升到 2021 年的 40%。在前三张图中，我们用的都是实物量，半导体元件的价值相差很大，上下可达百倍，只看实物量容易产生误导，所以第四张图我们用的是金额指标。

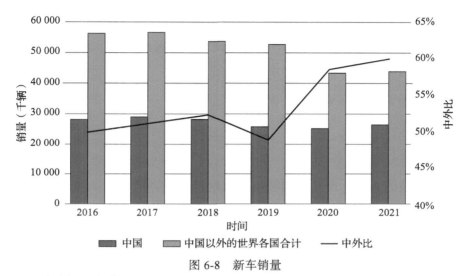

图 6-8  新车销量

资料来源：彭博。

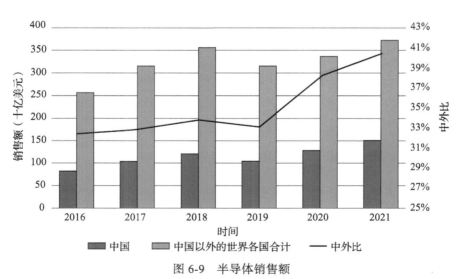

图 6-9  半导体销售额

资料来源：彭博。

以上四个具有核心代表性的工业指标，中国都是遥遥领先。这不需要与其他任何单一国家相比，与所有外国总值相比更能凸显中国是当之无愧的全球第一大工业国。

我们特地把过去 6 年的数据分成两段，新冠疫情发生之前为一段，发生之后为另一段。这样做的目的就是要强调，中国在抗击新冠疫情方面取得了巨大成功，这不仅体现在卫生健康领域，更是直接利好于实体经济。

在超大规模工业的背后，是中国把分工和配套推向极致的能力。在正确抗疫的背后，则是中国社会惊人的组织和动员能力。当然，即便拥有这些优势，我们也很难说中国就是这个世界上 TINA 的存在。这一点，不重要。但是，对于当今的世界格局来说，美国已经不再 TINA 了。这一点，很重要。

## 产业金字塔

在上一节，我们依次给出了钢铁、电力、汽车和半导体四个领域的统计数字。有的读者可能已经发现了，这是一个从低端产业到高端产业的排序。如何判断一个产业到底算是高端还是低端呢？这就牵涉到更加底层的资本逻辑了，我们留到后面的章节再解释。

在我看来，产业定位的高低，首先是跟马斯洛的人类需求层次理论相通的。马斯洛认为，人类必须首先满足生理和安全的需要，然后才是社交、尊重和自我实现，如图 6-10 所示。从这个角度讲，粮食、猪肉、水产、蔬菜、水果等，这些产业构成了产业金字塔的基础。当然，某些农产品也可以被赋予社交和尊重的价值，从而跳级到金字塔的上端。这种特例我们在这里暂不讨论。

往上一层是什么呢？钢铁、水泥、电力、化工等，这些重工业是保障国家安全的基础。然后再往上，汽车、电脑、手机等这些东西就具备比较强的社交和寻求尊重的性质了。真的到了最顶尖的一些科技，它们往往不是强调实用了，而是为了突破某种极限，这就有点自我实现的意思了。

图 6-10　产业金字塔

资料来源：作者自制。

当然，以上解读并不严格，而且每个时代的尖端科技都不相同。体现到眼下的 2022 年，它主要就是芯片、超级计算机和互联网平台等行业。它们既是人类科技王冠上的明珠，同时也是资本市场的宠儿。

那么产业金字塔的上下层之间是什么关系呢？这个问题很重要。事实上，直到今天经济学家也没有很圆满地回答这个问题。不过在我看来，它们是充要条件的关系。也就是说，下层产业的发展既是发展上层产业的必要条件，又是它的充分条件。

必要条件这个要点过去讲了很多。学术上叫作符合比较优势。温饱问题还没解决，就不要总想着星辰大海了。这句话对于绝大多数时间、绝大多数对象来说，都是正确的。事实上，中国过去四十多年改革开放的经验，正是从下往上、一级一级地攀爬这个金字塔的。

关于充分条件这个要点，学术界对它的认识是有分歧的。我的主张是，如果你把二楼的基础打实打牢了，那么爬上三楼就是迟早的事。比如，现在越南和印度吸收劳动密集型产业的力度很大，我认为这个趋势是不可逆转的。想要压制这个趋势是完全不可能的。

再比如华为公司的发展。这里面当然有其公司内部，从领导到员工上下同心的原因。就像一位长者曾经说过的，既要自我奋斗，也要考虑历史进程。如果把华为公司平移到菲律宾去，它还能发展得起来吗？哪怕发展起来了，恐怕也经不住美国的一轮制裁。

只有中国才能养得起华为这样的公司。为什么？因为中国的 14 亿人虽然不算富裕，但是一两千元的手机还是买得起的。有用户就得有基站，基站规模决定设备订单，有订单就能养活研发人员。发达国家虽然人均收入高，但是他们也不可能一个人身上携带三五个手机吧？道理就这么简单。

可以与通信行业相对照的是电动车行业。特斯拉现在是全球电动车第一品牌，它可能是最近十年唯一成功崛起的美国工业企业。现在它在上海工厂的产量也已经超过美国本土工厂了，那么它成功的秘诀是什么呢？还是充分地利用了市场。

我记得在 2014 年左右，国内电动车刚刚流行。我自己也买了一辆，是作为家里第二辆车买的。这辆车驾驶感觉很好，但是我心里还是把电动车当成替补或者说高低搭配里的低配。当年，电动车总价十几万就觉得不便宜了，而特斯拉一上市定位就是 10 万美元，相当于人民币 70 多万元。因为特斯拉的市场主要在美国，这就说明按照消费高端电动车的标准，当年的中国市场其实很小，美国市场更大，所以特斯拉在美国崛起是顺理成章的。

同时我们也应该看到，今天的中国市场已经完全不一样了。很多年轻人买第一辆车，一开始就是 30 万元甚至 40 万元的国产品牌。即使按照消费高端电动车的标准，今天的中国市场可能也已经大于美国了。这样的逆转变化，其实也就是六七年时间。特斯拉正好从这个时间窗口里走出来了，这也许是一个非常侥幸的事情。假如埃隆·马斯克耽误几年，到 2022 年才开始创业，那么他的成功就会困难得多了。

我们再来讨论已经非常接近产业金字塔顶端的超级计算机行业。在世界超级计算机 500 强排行榜上，第一名不一定是中国的，但是每年上榜数量最多的都是中国的超级计算机。为什么呢？因为中国有需求。中国拥有世界第一大工业体系，由此产生的数据量当然也是天文数字，而数据量正是计算量的基础。

上述案例足以说明，市场规模可以带来技术进步。事实上，我们在第 5 章已经分析过，规模正是美国自身强大的秘密。

如果我们用这样的视角看问题，那么华为的成功里有电器卖场的一份功劳，宁德时代的成功里有公路基建的一份功劳，字节跳动的成功里有大学扩招的一份功劳……

做大基础同时也就是向上攀登的手段，在这样的视角下，产业金字塔变成了一个有机的整体。它的宽度与高度是相辅相成的关系，而非相互取舍的关系。

　　按照这样的思路，我们的视野还可以放大一些。没有中西部的城镇化，就不会有深圳的高科技。反过来说，拥有了巨大的腹地市场之后，科技中心的出现反而具有很强的必然性了。没有深圳也有上海，没有上海还有杭州，总会有一个城市脱颖而出的。

　　我们的视野还可以放得更大一些。假如没有中国出口消费品的支撑，美国的高科技还能发展得这么顺利吗？事实已经给出了证明。在中美贸易摩擦和新冠疫情危机发生之后，贸易条件急剧恶化，美国消费品短缺，通胀高企，美联储不得不大幅加息，科技巨头的经营状况也应声回落，收入增长停滞，甚至开始裁员……

　　如果我们把全球经济视为一个整体，那么很显然，搞好中国大工业，就是搞好美国高科技的前提。越是想要搞好高科技，就越是先要搞好大工业。这样就回到了我们前面提出的命题：产业金字塔的下层发展是上层发展的充分且必要条件。

　　总而言之，任何把产业金字塔上下层割裂开来，甚至对立起来的想法都是错误的。在可以预见的未来，中国没有意图也没有可能完全放弃产业金字塔的较低层级。欧美目前头重脚轻式的产业结构是应该引以为戒的，绝非我们努力的方向。

## 一力降十会

　　按照正常的商业规律，大市场拥有高效率。中国拥有数倍于美国的人口和基础工业品产量，此后只要不断扩张规模，同时攀登产业金字塔，直至抵达人类科技的最前沿。这似乎是一个必然的过程，然而现在的问题是，美国人不愿意接受这个结果。那么如果美国采用技术封锁等手段主动打击中国，情况又会有何不同呢？

特朗普时代关于 5G 的竞争已经结束了。2022 年 8 月，美国国会又通过了历史上最大产业政策的芯片法案。这说明美国政府经过研究，认定半导体芯片是最有可能成功狙击中国的领域。那么我们就来分析一下芯片问题。

首先我们应当看到，在这场竞争中，中美双方的胜利条件是不一样的。中国只要保证自己的发展进程不被打断，就可以算是胜利。美国则不仅要维护技术上的领先，还要维护收入、利润、净资产收益率等指标。归根结底，美国必须维护住自己的 TINA 地位才算胜利。这一个前提条件形象地说，五五开是中国赢，三七开也是中国赢，哪怕二八、一九开，都是中国赢。

我们知道，衡量芯片效能水平的核心指标是工艺制程，单位是纳米。纳米数越小，芯片效能越高。2022 年下半年，代表中国大陆领先水平的中芯国际已经可以量产 14 纳米芯片。站在市场的角度看，其实 28 纳米工艺就已经可以满足汽车、家电、工业等领域绝大部分的需求。2021 年，在 28 纳米或更低水平的芯片中，中国的产能约占全球的15%。按照海外媒体的预测，到 2025 年中国这部分产能的占比还将提升到 40%，再次达到前述中国力敌外国的程度。

高端芯片的需求主要集中在手机行业，虽然各品牌旗舰机型在芯片效能上的竞争正趋于白热化，但是用户为高端芯片支付成本的意愿正在迅速减退。越来越多的人开始认为追求更新更好的处理芯片没有必要。

　　纵观芯片行业的发展史，从电脑时代到今天，始终存在一个技术供需匹配的问题。我们可以把科研人员能够突破的技术视为一端，终端消费者愿意买单的技术视为另一端。供需两端匹配得越好，技术研发的效果就越好，研发投入的回报就越高。如果技术供给推进得太快，而用户需求跟不上，那么厂商就会故意放慢技术进步的速度，这一过程俗称挤牙膏。

　　因此同样是技术落后两三代，假如世界一流是 28 纳米，而我们是 64 纳米，那么这个差距就是致命的。但现在世界一流是 3 纳米，我们是 14 纳米，问题其实就没那么大了。将来如果芯片行业内卷到世界一流是 1 纳米，我们是 5 纳米，而市场条件不变，那么这两代技术的差距就可以说没有多大影响了。

　　总而言之，我们研究科技产业，头脑里不能只有技术这个维度，还要有市场这个维度，两个维度综合起来才能形成准确判断。作为投资者，我们应当明白，技术差距不等于收入差距，更不等于利润和净资产收益率的差距。

　　即使一家公司能够在技术竞争中始终保证领先，它也并不能保证 TINA，毕竟只有躺赢才称得上 TINA。换种说法，当一家公司、一个国家需要通过竞争，甚至是通过不正当竞争来证明自己的时候，它就已经不再 TINA 了。

　　对于这一点，华尔街看得很清楚的。每逢美国政府出台干预芯片产业链的政策，英特尔和 AMD 的股价总是报以大跌。因为每出一次政策，就等于是承认并且再一次确认：美国正在输掉市场竞争。与原本稳固的 TINA 地位相比，那一点财政补贴真的是杯水车薪。

当然，我们的科研人员仍在奋力攻克更高级的工艺。由于坐拥广大下游订单的支持，中国的芯片行业事实上已经立于不败之地，完全可以按部就班地推进技术研发。这种战略，给三星等领先企业造成了很大压力，它们恐怕再也不敢享受挤牙膏的从容乐趣了。它们将不得不反复地投入巨资去挑战技术极限，因为只要一停下来，就会面临被中国企业追上并且超越的境况。

武术圈有一句行话，叫作一力降十会。字面意思是一个身体足够强壮的人，可以战胜十个粗通武艺的人。简单说就是你连续打他十拳，他都没事，但是他只要打到你一拳，你就受不了。

国际竞争现在也有几分这个意味。首先中国基础产业非常扎实，不可能被轻易击倒。美国的高端产业布局虽广，但只要被其他国家突破一点，就会造成永久性的损失，再也无法收复。

在媒体热炒的商业科研之外，我觉得非商业科研也很值得关注。世界各国的非商业科研主要就是两大方面，一方面是学术界，另一方面是军方。自 2008 年以来，美国联邦政府在非商业科研上的投入金额不断缩水，这与中国政府的慷慨解囊形成了鲜明对比。

近年来，中国的论文数、顶级期刊论文数、引用数等指标都在飞速跃进。目前中国学术界的科研实力总体上已经非常接近美国，在许多细分领域已经达到世界领先。不过现在海外媒体对于中国科技进步反应最大的，还是军工领域。中国已经有一大批军事技术走在全球的前列，相对进步甚至比民用领域更加明显。

从两弹一星开始，中国就有集中力量办大事的传统。不过我更愿意从微观上强调当今中国非商业科研的优越性。经济学里有一条理论，叫作边际效用递减，这就好比吃包子，第一个包子最管饱，再吃也就那样儿，甚至太多了还会吃撑。科研人员的物质条件太艰苦了肯定是不行的，要适当优厚一些，但是过于奢侈也是不行的。许多创业团队本来很有奋斗精神，突然上市之后，一下子就拥有了几辈子花不完的财富，反而心思不在研发上面了。这或许也是一种欲速则不达吧。

再反过来说，金融行业许多人年薪百万，甚至数百万也是存在的。他们既要为家人的社交担心，又要为孩子上学担心，说不定还要为自己的职业生涯下半场担心，工资数额虽高，但在自己工作地点附近安居其实也有困难。之所以这么贵，很难说是因为品质有多高，这其中大部分原因还应该归功于同行内卷。更麻烦的是，竞争压力几乎都集中在短端，一不留神就朝不保夕，根本没空去对自身进行充电和规划。这种工作环境，其实很不利于智力密集型工作的开展。不过，很多非商业科研机构却可以在一定程度上，帮助他们解决这些问题。

当然，科研人员这个群体本身就是高度多样化的，对研发、生活环境的需求各不相同。商业化和非商业化犹如两条腿走路，两条大腿都很强壮，那是最好的。非商业化走到极致会带来很多弊病，这一点大家心里都很清楚。而商业化走到极致也不是好事，受到金融市场风险偏好的影响，欧美科研领域近年来出现了"随机暴富"的现象。这一现象已经在大西洋两岸引起了许多关注和批评。

中国在科研领域有一个最权威的奖项，叫作国家科学技术进步奖特等奖，该奖最近可查询的部分获奖名单如表 6-1 所示。

表 6-1　近些年国家科学技术进步奖特等奖的部分获奖名单

| | | |
|---|---|---|
| 2000 年 | 空缺 | |
| 2001 年 | 空缺 | |
| 2002 年 | 空缺 | |
| 2003 年 | 中国载人航天工程 | |
| 2004 年 | 东风 31 导弹武器系统 | |
| 2005 年 | 空缺 | |
| 2006 年 | 歼十飞机工程 | |
| 2007 年 | 红旗 9 号导弹武器系统工程 | |
| 2008 年 | 青藏铁路工程 | 导弹反卫系统 |
| 2009 年 | 绕月探测工程 | 第三代常规动力潜艇项目 |
| 2010 年 | 大庆油田高含水后期 4000 万吨以上持续稳产高效勘探开发技术 | |
| 2011 年 | 青藏高原地质理论创新与找矿重大突破 | |
| 2012 年 | 特高压交流输电关键技术、成套设备及工程应用 | 特大型超深高含硫气田安全高效开发技术及工业化应用 |
| 2013 年 | 两系法杂交水稻技术研究与应用 | |
| 2014 年 | 超深水半潜式钻井平台"海洋石油 981"研发与应用 | |
| 2015 年 | 京沪高速铁路工程 | 高效环保芳烃成套技术开发及应用 |
| 2016 年 | 第四代移动通信系统（TD-LTE）关键技术与应用 | 北斗二号卫星工程 |
| 2017 年 | 特高压 ±800kV 直流输电工程 | 以防控人感染 H7N9 禽流感为代表的新发传染病防治体系重大创新和技术突破 |

资料来源：媒体公开报道。

　　大家可能已经注意到了，这个特等奖在有些年是空缺的，只不过近年的空缺明显变少。在特等奖之外，每年还会评出几个一等奖、几十个二等奖，以上合计称为通用项目。在通用项目之外，还有与国防军工相关的保密项目。

　　媒体行业的特点是寻找典型讲故事。以前有的媒体报道中国造不出特种钢，后来又报道造不出发动机，现在又报道芯片被"卡脖子"，这些报道在微观上也许不能算错。然而只要简单浏览一下这张表，我们就会明白，国家科研是一个非常庞大的体系。它的背后是一张巨网，而不止是几个点。

现在媒体上关于中美竞争的讨论很多，各种历史类比也是层出不穷，类似雅典与斯巴达、英国与德国，等等，但是我觉得这些类比都有问题。因为它们都是发生在规模相当的双方之间。在我看来，中国崛起的过程将更加类似于自身崛起的过程。道理很简单，就是因为当年美国的经济规模远大于英国，而中国的经济规模也将远大于美国。

事实上，打擂台式的类比终究是蹩脚的。中美竞争的实质更加类似于两个人一同赶考，出卷人就是这个时代。现在正值世纪变局，谁能够更好地适应时代，谁就能够领先，总想着给对手制造麻烦是没有意义的。

从历史视角看，中美之间的互动可能会是一个以百年计的长期过程。具体而言，我更看好中国从当前这一轮竞争中胜出。因为世界潮流的方向正逐渐从效率优先转向公平优先。在宏观上，中华文化在处理公平问题上更有优势；在微观上，公平优先正好可以配合一力降十会的竞争策略。

反观美国，他们更加依赖市场化手段来推动技术进步。美国使用的这些手段往往是效率优先而非公平优先的，这样就产生了很大的社会代价。他们与中国对抗的决心越强，付出的代价就越大，最后胜出的概率也就越小。

从历史和文化的意义上讲，中美两国就像是分别擅长在冬夏比赛的选手。在夏天，中国只能勉强跟上美国的节奏，而转入冬天，就到了中国大显身手的时候了。

## 没有王座的旅程

过去十年，美国成长股牛市的气氛感染了全球资本市场，中国的 A 股市场也不例外。图 6-11 显示了中美四大指数，即标准普尔 500、纳斯达克、沪深 300、创业板指，它们从 2010 年至 2021 年的走势。图 6-11 中各个指数的起点都被标准化到 1。

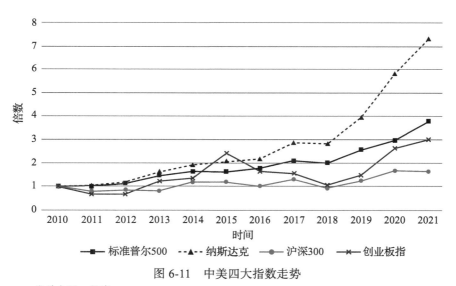

图 6-11　中美四大指数走势

资料来源：彭博。

我们可以看到，创业板指的走势虽然不如纳斯达克，但与标准普尔 500 相差不远，这就已经比沪深 300 指数的表现强多了。这说明中国和美国一样，过去十年都是科技股牛市。接下来我们再看看四大指数的总市值变化。图 6-12 中各个指数的起点都被标准化到 1。

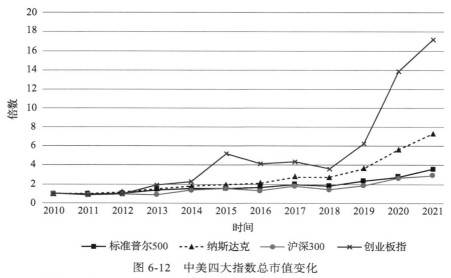

图 6-12　中美四大指数总市值变化

资料来源：彭博。

创业板指在过去 12 年间的总市值增幅超过 16 倍，远远甩开它的美国同行纳斯达克指数，更令沪深 300 等指数望尘莫及。指数点位增长不多，但是总市值增长很快，这说明股本正在极力扩张。

有人可能会认为这是创业板新上市公司数量增加的原因，其实不然。这四大指数的编制方法是一模一样的，标准普尔 500 是选取全美排名前 500 的公司，纳斯达克指数是取纳斯达克市场上排名前 100 的公司，沪深 300 是取 A 股市场中排名前 300 的公司，创业板指是取深交所创业板上排名前 100 的公司。这其中，只有纳斯达克指数和创业板指才是覆盖全部公司的指数。

在前文中，我们给出过标准普尔 500 和纳斯达克的现金流统计。现在我们来看图 6-13。它显示，自 2005 年有数据以来，沪深 300 一直是现金净投资的，丝毫没有一点 TINA 的味道。

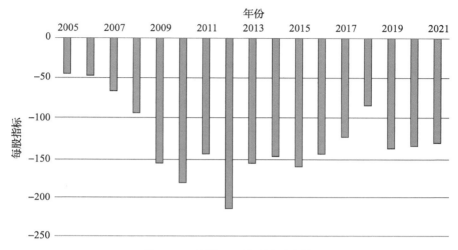

图 6-13　沪深 300 的现金净投资

资料来源：彭博。

　　创业板指的情况也差不多。自 2010 年有数据以来，创业板指一直是现金净投资的。只有 2019 年暂时转为正数，2020 年净投资额较小，但是 2021 年立即恢复大幅净投资，如图 6-14 所示。

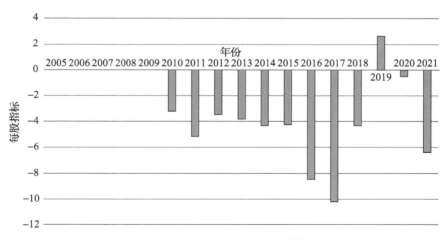

图 6-14　创业板指的现金净投资

资料来源：彭博。

以上我们都是直接引用彭博终端自动计算的指标，接下来我们再用万得金融终端直接抓取整个创业板的财务指标。请注意，现在表 6-2 是包括历年新增公司的，不再只是排名前 100 公司的指标了。

表 6-2　历年新增公司的指标

（单位：亿元）

| 年份 | 净利润 | 融资 | 净资产 | 净资产收益率 |
|---|---|---|---|---|
| 2010 年 | 264 | 951 | 2 047 | 12.9% |
| 2011 年 | 427 | 760 | 3 323 | 12.9% |
| 2012 年 | 458 | 365 | 4 214 | 10.9% |
| 2013 年 | 529 | 71 | 4 883 | 10.8% |
| 2014 年 | 677 | 459 | 6 188 | 10.9% |
| 2015 年 | 855 | 1 508 | 8 576 | 10.0% |
| 2016 年 | 1 225 | 2 145 | 12 209 | 10.0% |
| 2017 年 | 1 430 | 1 484 | 15 322 | 9.3% |
| 2018 年 | 862 | 1 129 | 16 473 | 5.2% |
| 2019 年 | 1 095 | 1 012 | 18 177 | 6.0% |
| 2020 年 | 1 540 | 2 098 | 21 379 | 7.2% |
| 2021 年 | 1 929 | 3 668 | 25 851 | 7.5% |

资料来源：万得金融终端。

我们发现，过去 12 年，创业板整体净利润增加接近 6 倍，净资产猛增接近 12 倍。这么多增加的净资产中，大约有六成是融资得来的，内生积累的不到四成。净资产迅速增长的结果，就是净资产收益率一路走低。

俗话说，不怕不识货，就怕货比货。中美四大指数对比，谁是TINA，谁不是 TINA，一目了然。至于 A 股市场将来能不能 TINA 起来，这便是一个老生常谈的问题了。

早在二十年前，就有人批评 A 股融资太多，只知道将圈钱放在首位，而将回报股东放在次位。那么多年走过来，A 股市场依然如此，尤其是从 2020 年下半年开始，互联网行业反垄断、防止资本无序扩张等政策导向逐渐明朗。至今还抱有 TINA 幻想的人，恐怕是有点不合时宜了。

在 A 股公司的旅程终点，是不存在垄断王座的。这既已经被 A 股市场的长期历史所证明，又已经被明明白白地写到了高级别文件里。所有的投资者都应该用心领会，千万不要自欺欺人。

我们都知道，股价的长期表现取决于基本面。同样道理，金融市场的特征也是由实体经济决定的。如果说 A 股没有 TINA 气质，那么首先就是因为中国经济没有 TINA 气质。阿里巴巴和拼多多都是美股上市公司，这里以它们为例。

2021 年阿里巴巴的活跃用户数是 8.9 亿人，而拼多多是 8.7 亿人，两者已经相当接近。阿里巴巴的商品交易总额高达 8.5 万亿元，拼多多只有 2.4 万亿元，两者相差近 3 倍。如果以净利润来讨论，那么差距就更大了。阿里巴巴 2021 年的净利润是 1500 亿元人民币，而拼多多 2021 年的净利润只有 78 亿元，甚至 2020 年它还在亏损。<sup>⊖</sup>

这些数据说明什么呢？说明拼多多从阿里巴巴那边分走了一大部分流量，但是却没有产生多少利润。假如这两家公司的股东是同一批人，那么在他们看来，拼多多的这部分流量如果给予阿里巴巴来经营，肯定可以产生更多的利润，那么他们的理性选择就应该是让阿里巴巴和拼多多合并，甚至从一开始就不应该让拼多多问世。当然，这是不可能的。

---

⊖　根据各公司的年报整理所得。

不过，在政策导向明确之后，腾讯倒是真的投资了京东。2021年底，腾讯已经把其名下大部分的京东股票以特别股息的方式派发给股东，这样腾讯公司就不再是京东的重要股东了。

中美在实体经济领域开展竞争，资本市场也不可能没有相应的反应，原本充满TINA气质的美国股市现在也已经感受到了中国市场的无限活力。

在FAAMG五大巨头中，微软和苹果这两个公司是从20世纪80年代就已经成名的元老，谷歌和亚马逊是互联网泡沫破灭后的幸存者。相对来说，脸书（Meta）是年轻的后来者。以前它们在各自领域都是TINA的存在，但是截至2022年6月底，脸书的股价相对高点已经腰斩，市盈率更是跌到了只有12倍。这主要是因为Tiktok横空出世，让脸书旗下的一系列产品都显得过气了。当然，Tiktok本身也不能说是高枕无忧。它的模仿者和竞争对手都还在源源不断地涌现出来，但是华尔街人士看明白了，脸书已经不再符合TINA的要求了，于是便立即弃之如敝履。资本市场如此残酷，脸书已经被重新估值了，其他几家公司会不会感到唇亡齿寒呢？

Tiktok如此厉害，是因为它借用了抖音的推送算法。而抖音的推送算法是用中国14亿人的大数据给支撑起来的，所以这是一个"一力降十会"的实践。

## 融资，再融资

巴菲特曾经说过，如果只能选择一个指标来衡量公司好坏，那么这个指标一定是ROE，即净资产收益率。

在同一个行业里，比较两家公司的好坏是相对容易的，就像华为和中兴、三一和中联、招行和浦发。我们可以找出许许多多个指标来比较它们，可是如果两家公司不同行，怎么比较呢？卖石头挣得的 10 元利润，与卖袜子挣得的 10 元利润是等价的，所以毛利率不能说明问题。扩大规模多挣得的 10 元利润，与节省出来的 10 元费用也是等价的，所以资产负债率也不能说明问题。

归根结底，一个公司的产品毛利率是多少，资产负债率是多少，都是 CEO、财务总监应该思考的问题。作为股东，唯一要思考的问题就是，相对于投入的每 1 元资本金，它能挣回来多少利润，这个比例就是 ROE。

业务规模的增长，通常可以带来收入的增长，这是股东乐于见到的。但是收入的增长并不等于利润的增长，因为业务规模的增长同时也会带来成本的增长，而这一点常常被忽视。要知道，本公司的成本就是产业链上下游伙伴的收入，同时经理层和雇员也不会欢迎成本控制。最关键的是，规模扩张会改变公司产品的供给格局，使得产品不再稀缺，这就等于是向客户让渡了福利和议价能力。

总而言之，这是两个完全不同的概念。除了公司股东自己之外，政府、商业伙伴、内部人和客户，没有一方愿意见到公司缩减成本，没有一方会在乎 ROE。所有利益相关方都希望公司的业务规模最大化，而只有股东才希望公司的 ROE 最大化。

纵观 A 股历史，环保、高铁、LED、光伏、风电、工程机械、液晶面板、传媒、游戏……几乎每一波资本市场的狂欢，随之而来的宿醉总是触目惊心的。从某种意义上说，当欧美国家还在热议资本利益相关方的时候，中国早就以另一种形式走在了前面。

在上一节，我们给出了从 2010 年至 2021 年创业板整体的财务统计。11 年间，创业板公司整体净资产从约 2000 亿元增长到近 2.6 万亿元，净利润从 264 亿元增长到 1929 亿元。虽然两者都实现了数量级的跨越，但是创业板整体 ROE 却从 12.9% 趋势性地下降到 7.5%。

这样一个市场，巴菲特显然是不会喜欢的。不过，A 股投资者却相当喜欢。在我看来最好的解释是，A 股投资者也学会了互联网思维。在要想达到某个效果之前，关键的秘诀就是不断地融资。

假如一个公司被估值到 10 倍市净率，然后在这个位置上进行一次增发，那么新股东的 10 元钱，在老股东面前只相当于 1 元钱。这是因为同股同权，所投入的资本量虽然是 10 比 1，但股东权利还是 1 比 1。这就好比 A 和 B 两人在同一个菜园子里干活，A 干 1 份活，B 干 10 份活，最后收获两人平分。那么 A 当然会高兴，问题是，B 为什么愿意呢？

我们首先把 A 为什么会高兴这个逻辑想通了，就会发现，菜园子里的土壤肥不肥沃根本就不重要。重要的事情有两条：第一，这个园子本身的地皮要足够大，容得下许多人；第二，要有一个吸引人的主题，可以源源不断地把 B、C、D 都吸引进来。只要这两条成立，那么哪怕 A 自己种地的收获不佳，可是只要 B 进来了，A 就脱身了；将来等到 C 进来了，B 也就好过了。那么 C 什么时候能够脱身，取决于 D 什么时候进来。

我之所以说这个思路其实就是互联网思维，是因为在 A 买入的时候，上市公司不是基本面较差，就是估值过高。静态地看，并不值得投资，所以此时的资金投入就相当于烧钱。同行竞争自然是免不了的，其他行业的公司有时也会进来插一脚。中国的实体经济里不允许垄断，在 A 股市场上想要垄断一个题材也不可能。

## 换龙头与换风格

古人认为，淮河以南的橘树移栽到淮河以北，就会变成枳树。现代植物学已经澄清，橘与枳同为芸香科，但橘是柑橘属，枳是枳壳属，它们是完全不同的物种。不过，南橘北枳的成语还是流传至今。

全世界的投资者没有不喜欢利润的，资本市场都会讲 TINA，也就是垄断的故事。说到底，只有美国，是从市场预期到财务表现，再到业务经营实现全面垄断化的。而中国始终在财务上没有垄断化的特征表现，在业务经营上更是连垄断化倾向也不被允许。

从这个角度说，在 A 股市场预言某一波题材炒作"不可持续"是相对容易的。由于作空赢利的机制形同虚设，所以即使这样见顶作空的机会理论上存在，也没有人有动机、有能力去将其实现。

无须讳言，美国股市对于全球投资者心态的影响至深。从某种意义上讲，只要美国的成长股牛市继续下去，A 股投资者心中的灯塔就不会熄灭，对成长股艰辛的追求就不会停止。哪怕明知道旅程终点没有王座，也仍然会选择飞蛾扑火。一个题材炒起来跌下去，宁可再去寻找下一个炒作题材，也始终不愿意去考虑那些被低估的价值股。

成长是永远的主题，然而哲学辩证法告诉我们，没有什么是永远不变的，一切都是周期。当投资者把全部注意力都集中在短周期端时，长周期的拐点很可能会在不经意间到来。

如果有一天，美国大循环停止了，那么美国的成长股牛市显然将无以为继。中国的科技企业即使能够在技术上取而代之，也不可能建立新的 TINA 地位。届时，全球资本市场很可能迎来一场大级别的风格转换。事实上，美国大循环一旦停转，其影响力绝不会仅限于金融市场，许多投资者也都会受到严重冲击。

从宏观的视角看，中美两国之间并无核心利益冲突。近几年中美矛盾激化，很大程度上也是美国大循环接近高点的副作用。今天的美国人既不够自信，又端着些架子不好意思放下来。假如能把这股虚火泄掉，虽然短期内全球金融市场难免震动，但就长期而言，对中美关系以及中美金融市场都是有利的。

从微观的视角看，美国大循环出现了许多摩擦卡壳的迹象。要让它彻底逆转，可能还需要一个足够重量级的标志性事件。虽然我们很难预判这个标志性事件具体是什么，但是它的历史意义必然是能够突破美国在产业金字塔顶端的封锁，打破美国、美国股市和美国科技巨头 TINA 的神话。

如果真有那么一天，世界上不再有 TINA 现象，那么对于消费者、上下游企业以及初创企业来说，未必是坏事。只是投资者想要获取超额收益会变得更加困难，这或许也顺应了公平优先的世界潮流吧。

对于资本来说，国际竞争是换龙头，从成长到价值是换风格。根据市场经验，换龙头的同时往往也会换风格。事实上，许多养老基金、捐赠基金、家族办公室等长线资本已经开始这样配置了。这些国际资本进入中国的主要理由是寻求负相关性，利用中外资产之间的负相关性降低波动。通俗点解释，就是涨跌互补，不要同涨同跌。再通俗点，就是两边下注，既在龙头两边下注，也在风格两边下注。

最近几年，欧美政客不断加大力度干预国际资本布局中国的进程。这在短期内影响很大，比如中概股的退市风波。不过在美国大循环逆转之后，这部分被延误的进程将会迅速释放，那时中国可能又会面临控制"热钱"涌入的压力了。

对于 A 股市场来说，我们的总体投资思路也很简单，那就是人弃我取。预计在风格转换发生之后，以低估值、高分红、稳定增长为财务特征的价值股将会获得更多青睐。仅就时间周期而言，届时我们可能观察到更加接近于 2008 年之前的 A 股市场风格。由于十几年来，A 股市场已经发生了许多重大的结构性变化，恐怕我们也不能做刻舟求剑式的类比了。

有一则小故事是这样说的："画一条线，价值 1 美元。知道在哪里画，价值 9999 美元。"支持实体经济是 A 股市场投资者的共同义务，但是这不应该仅仅体现在财务上，更重要的是智力支持，用专业化资产定价技能来明辨优劣。既要扬善，也要惩恶。这样既推又拉、有赏有罚的办法，可能对企业家群体，对实体经济的帮助更大。

在 A 股市场的价值股中，估值修复空间最大、确定性最强的就数银行股了，但是在给定的一段时间内，银行股又几乎不可能是弹性最大、涨得最快的。这是由银行板块"连环船"的特性所决定的。从这个角度说，银行股虽然是本书的主题，但是也不可能满足所有投资者的风险收益偏好。在标的选择问题上，大家都还有更多的功课要做。对于真正有业绩的成长股来说，给予较高的估值是合理的，A 股市场大力支持实体经济发展的定位也不会改变。

# 第 7 章

# 银行股的投资价值

- 在我看来，银行股的投资价值可以从三个方面考虑。第一是银行股具有高分红、高流动性以及与宏观经济高度相关的特点，适合用于保值增值。第二是银行股难以炒作，价格容易与价值形成反差，每隔若干年，当估值达到低位，预期产生亏损时，就会出现明显的估值修复行情。第三是迎接全球金融市场风格转换，从成长风格转向价值风格，以银行为代表的价值股板块可能迎来长期系统性重估的机会。

- 对于绝大多数投资者来说，如果投资赢利能够跟上名义 GDP 增速，那就应该满意了。名义 GDP 可以理解为所有人的"大市"，如果所有人都期待自己的投资业绩超过 GDP 增速，那么这种预期显然是非理性的。

- 我们日常买东西，常常把性能和价格结合起来看，追求性价比。

那么在投资的时候，怎么能不考虑风险收益比呢？比如同样两只股票，它们都有潜在利好消息，如果能够兑现，它们都有50%的上涨空间。如果利好未能兑现，A股票将会下跌30%，而B股票只会下跌10%。简单地说，就是用A股票30%的下跌概率去博50%的上涨概率，而用B股票10%的下跌概率去博50%的上涨概率。那么如果让你选择，你是选择A股票呢，还是选择B股票呢？

## 三条推荐理由

在我看来，目前中国的银行股已经具备了罕见的投资价值，主要理由来自三个方面。

第一是银行股具有高分红、高流动性以及与宏观经济高度相关的特点，适合用于保值增值。可以说，银行股不是一般的股票。短期持有股票是一种投资方式，长期持有银行股则是另一种投资方式。

第二是银行股难以炒作，价格容易与价值形成反差，每隔若干年，当估值达到低位，预期产生亏损时，就会出现明显的估值修复行情。

第三是迎接全球金融市场风格转换，从成长风格转向价值风格，以银行为代表的价值股板块可能迎来长期系统性重估的机会。

## 新的获利方式

A股投资者历来是习惯不考虑分红的。股指期货刚刚推出的那几年，曾经有一个非常简单的套利机会，就是每年的 6 月合约总是会有略微高估，原因是参与者总是会低估分红带来的点数下调。不过从 2017 年开始，这个情况开始有所改变。高分红的公司越来越多，而货币基金等现金管理工具的收益率日益下滑。这使得分红收益率（股息率）逐渐成为一个值得投资者考虑的变量，图 7-1 显示了 A 股市场股息率超过 5% 的公司数量。

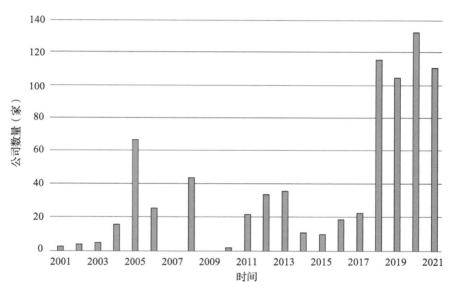

图 7-1　A 股市场股息率超过 5% 的公司数量

资料来源：万得金融终端。

我们在观察股息率时，必须把它与上市公司自身的赢利能力结合起来考虑。如果赢利能力不足，主要是把账上的存量现金拿出来作为分红，那等于是寅吃卯粮，没有什么意义。

根据这个标准，我们对 2021 年股息率超过 5% 的 111 家公司做了一个筛选。如果公司在过去十年中，有任何一年的净资产收益率低于 8%，则予以剔除。那么在这 111 家公司中，就只剩下 46 家符合要求了。假如我们再要求公司市值大于 300 亿元，那么就只能剩下 22 家了。

在原来的 111 家上市公司股票中，只包括 14 只银行股。在第一轮筛选后的 46 家上市公司股票中，仍有 12 只银行股。在第二轮筛选后的 22 家上市公司股票中，还有 12 只银行股。这样看来，如果我们要选择赢利能力稳定、规模又足够大的高分红股票，那么银行股无论如何是不能忽视的。

假如我们再加一个条件，要求这些公司的市净率小于 1，甚至小于 0.5，那么筛选的结果就几乎只剩下银行股了。为什么要把市净率这个条件加进来呢？我们站到上市公司的立场去思考一下，就能看清楚了。

对于一个市净率 3 倍的公司来说，采用高分红策略其实是不合算的。本来账面上的 1 元净资产在市场上可以得到 3 元的估值，而分到股东手里就真的只是 1 元而已了。分红这个操作实际上损毁了 2 元的股东价值。

然而，对于一个市净率 0.5 倍的公司来说，本来账面上的 1 元净资产，市场只给 0.5 元的估值，但是一旦分到股东手里，就变成了实打实的 1 元。分红这个操作实际上增加了 0.5 元的股东价值。

因此，对于市净率不同的公司来说，分红的意义是完全不一样的。作为股东，我们还可以进行分红再投资，把分到手的现金红利立即再买成股票。这个操作对于低市净率的公司来说，威力巨大。比如对于市净率 0.5 倍的公司来说，分红的意义是把本来账面上的 1 元变成了手里的 1 元，然后再投资的意义是把手里的 1 元变成账上的 2 元。两道操作下来，股东权益金额直接翻番。

巴菲特的老师格雷厄姆有过这么一个比喻，他说"市场先生"就像是一个精神分裂的话痨，今天跟你讲黄金十年、改变世界的故事；明天就跟你讲经济危机、万业凋零的故事。更可怕的是，这些故事都会变成一组貌似非常精确、科学的报价数字，摆在投资者面前。巴菲特建议投资者首先应该学会屏蔽"市场先生"的一切噪声，坚决做好自己的研究。然后在形成了自己的成熟观点之后，投资者就可以静待"市场先生"报出极端的高价与低价，择机入场了。

以前在 A 股投资者看来，巴菲特的这番教导虽然言之有理，但是不能指导实际操作。由于大部分买入 A 股的投资者为的就是卖出，除了买卖差价，投资者没有其他获利方式，所以 A 股投资者很难做到面对"市场先生"的噪声而不被影响。

不过现在情况已经改变了。如果持有稳定高分红的股票，那么投资者确实可以尝试巴菲特的建议。只要公司能赚钱，并且愿意分红，那么市场给予什么样的估值都无所谓，实在不行，把它作为非上市的资产也是可以的。现在很多基金都设有封闭期，其用意也是减少短期价格涨跌对投资者心理的影响。

当理财产品和货币基金的收益率只有不到 2% 的时候，在市场上能够拿到每年 5% 以上的收益，这就是一种新的获利方式。甚至当市场估值给得特别低的时候，投资者还可以来一个分红再投资，扩大自己的权益比例。

从这个角度讲，投资者不仅可以从股票仓位的角度考虑银行股配置，也可以从固定收益产品替换的角度去考虑银行股配置。总之，只有打破原有的短期持有股票思路，才能真正理解银行股的价值。

也许有人会担心，万一银行学习铁公鸡一毛不拔，赚了钱不分红，怎么办？请放心，如果想要大幅变动分红比例，就得修改公司章程，而且证监会已经有明文规定。在《上市公司监管指引第 3 号》第五条中明确指出，上市公司现金分红在利润分配中的比例不得低于 20%，而国有大银行则通常保持在每年净利润的 30% 左右。

假如我们再思考一下，万一银行为了不分红，干脆不报或者少报利润，怎么办？要知道，银行业的资产质量联系着千家万户，这可不比一般商品。经济学基本原理规定了，债权的消偿优先于股权。一家软件公司或者是一家化工厂，假如它们存心调节利润的话，可能真有不少方法。但是，假如某家银行的整体利润大幅下滑，甚至于出现亏损，那么只有一个解释，那就是宏观经济不如预期，广谱资产价格出现了大幅下降，所以银行股大幅调节利润是极不可能的。

这里还有一个小窍门，在判断一家上市公司的分红政策时，很重要的一条就是观察大股东的意图。上市公司的分红政策，与大股东的意图密切相关，比如大秦铁路的高分红与铁路太原局的资本开支计划相关，长江电力的高分红也与三峡集团的投融资安排有着紧密联系。㊀

这两家的分红都是几十亿元的数量级，而在 2021 年仅四大银行就给财政分红大约 2000 亿元。㊁而在 2021 年，全国关税总额大约是 2800 亿元，车辆购置税约 3500 亿元，证券交易印花税约 2500 亿元。㊂所以

㊀ 公开年报整理所得。
㊁ 上市公司年报整理所得。
㊂ 万得金融终端。

说，这么大笔的分红，大股东可不愿轻易放弃。

《孙子兵法》曰：上下同欲者胜。过去我们常常说，利益取向要保持一致。怎么叫保持一致呢？投资者想要稳定分红，财政也想要稳定分红，这就叫利益取向保持一致。

## 击败预期

许多初级分析师都花费过很大部分的精力和篇幅来论证某家公司的收入和业绩增速可以达到多少，然后就直接得出结论来预计其股价可以上涨。事实上，在专业投资机构看来，这种推理逻辑是完全不及格的。

英语里有一个词组叫 price in，它没有很简洁的对应汉语翻译，大致的意思就是"已经包括在价格所反映的预期之中"。比如，我们估计的销售增速是 50%，绝对幅度来说确实很高，但是这并不能说明股票价格将要上涨。假如市场的一致预期是增长 70%，那么我们的结论其实应该是价格将要下跌。同样的道理，我们发现一家公司的业绩将要下降 20%，但是有可能市场的一致预期是下降 40%。此时如果我们的判断正确，那么公司的价格将更可能上涨。所以请大家注意，股票的估值过程不是发生在真空中的。我们所观察到的价格，其实是全体市场参与者各自根据其预期，进行群体博弈的结果。

仔细观察和揣摩市场预期，往往可以帮助我们发现一些投资机会。比如在 20 世纪 90 年代的美股互联网泡沫中，许多创业公司的估值都是按照它将成为行业龙头、胜者通吃的预期来计算的，有许多对冲基金就利用这种非理性预期大获其利。如果这样的公司有 A、B、C 三家，那么无论最终哪家抢到了那唯一的"龙头"位置，另外两家公司可能成长得也很好，但因为没能成为"龙头"，其股价都会大幅下跌。

在 A 股市场也有类似的现象，在券商的年度策略会上，各个行业都会得到一个相对评级。虽然名称细节不同，但是大致都可分为三档：跑赢大市、跑平大市和跑输大市。有意思的是，几乎所有行业得到的评级都是跑赢大市或跑平大市，很少有行业会在策略会上被评为跑输大市。这就好比一个班级里，每个学生的得分都超过了平均分，这显然是不可能的。

在目前的 A 股市场中，银行股的估值是最低的，无论市盈率还是市净率都是如此。这说明价格所包含的预期已经差到极点，哪怕未来真有坏事发生，也不过是符合预期而已，说不定发展还要好于预期。

我们还可以将各个行业横向比较，银行业的业绩真的会比其他每个行业都差吗？恐怕不太可能。因为银行资产的债权特性，只有在整体经济普遍出现严重不景气的情况下，它才会出现比较明显的利润下滑。换句话说，银行就好比是"大市"。而现在的市场预期是，几乎每个行业都跑赢或跑平这个"大市"。这是违背常理的。

有些人可能会拿出银行业过去几年的财务数据，证明银行的赢利能力正在下降。由于银行的赢利能力是与名义 GDP 增速密切相关的，银行的赢利能力不可能走出独立行情。可是从估值的角度看，赢利能力跟随整体经济，并不是给予银行股极低估值的理由。

20 世纪 90 年代，正是中国经济高速发展的时期，社会平均资本回报很高，名义 GDP 增长率经常超过 20%。那个时候，收益率 10% 的资产能算是好资产吗？恐怕不能，它的估值肯定要打折，1 元的净资产只能当作 8 角左右来计算。

中国经济步入稳步发展期，要像之前那样轻松赚取丰厚的利润，显然是不太可能了。名义 GDP 增长率下降到一位数，货币基金收益率甚至只有 2% 上下，那么收益率 10% 的资产能算是好资产吗？我看可以算是了，它的估值就没理由打折了。

在遥远的将来，如果名义 GDP 增长率下降到 5% 以下，货币基金收益率接近于 0。到那时候，哪怕收益率只有 8%，那也是好资产。别说估值打折，溢价也未必抢得到呢。

图 7-2 我们前面讲过，它显示了 2005 年以来，银行业净资产收益率、广义货币供应量 M2 增速以及名义 GDP 增速之间的关系。银行业净资产收益率确实会随着后两者的下降而逐步下降，但是基本保持了略高于后两者的水平。

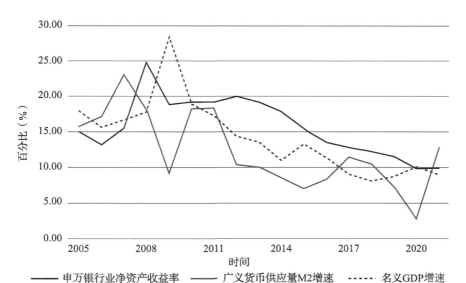

图 7-2　银行业净资产收益率、广义货币供应量 M2 增速以及名义 GDP 增速之间的关系
资料来源：万得金融终端。

　　我认为，这其实就是一个投资者应该如何设置预期收益率的问题，对于绝大多数投资者来说，如果投资赢利能够跟上名义 GDP 增速，那就应该满意了。因为 GDP 可以理解为所有人的"大市"，如果所有人都期待自己的投资业绩超过 GDP 增速，那么这种预期显然是非理性的。假如上述分析可以成立，那么已知银行股的赢利能力长期以来始终高于名义 GDP 增速，它在资本市场上的合理估值应该是多少？我想，无论如何不应该低于 1 倍市净率吧。

　　从国际比较看，截至 2022 年 6 月，美国前三大银行的平均市净率是 1.16，而日本前三大银行的平均市净率是 0.46，两者的估值水平差异很大。美国前三大银行过去 5 年的平均净资产收益率是 10.8%，而日本只有 4.8%。两者赢利能力与估值水平相匹配，又显得很合理了。

　　中国前三大银行的 5 年平均净资产收益率是 13%，这不仅高于日本，甚至也高于美国。凭什么中国银行股的赢利能力比美国还强，估值却只能与日本比肩？事实上，无论是美国还是日本，它们都是发达国家，跟中国的情况都不可比。中国的经济增速虽然在近年有所滑落，但仍是世界上发展最快的经济体之一。由于银行的特殊系统重要性，中国的银行股估值水平更应该参照其他发展中国家。

　　为此我统计了全球所有市值超过 100 亿美元的发展中国家银行，发现它们过去 5 年的平均净资产收益率中位数是 12.8%，略低于中国。它们的市净率中位数是 1.66，几乎是目前中国银行股估值水平的 3 倍。

## 斗智与争时

　　从大类资产配置的角度，我们还可以把非自住的投资性房地产投资纳入比较。根据一般经验，目前在北京、上海、广州、深圳这四个一线城市，房屋出租的收益率大概是 1%。也就是说，总价 1000 万左右的房子，毛坯月租金不到 1 万元。装修后的月租金会高一些，但是算完折旧是差不多的。这个水平完全不能与银行股的股息率相比，而且这里没有考虑房产税的潜在影响。

当然，从过去 5 年或者 10 年来看，房价涨幅远胜于银行股。但是我想说，这样比较是不公平的，因为银行股的价格目前正处于严重低估的状态。

股神巴菲特拥有的金融控股公司叫伯克希尔 – 哈撒韦，它本身也是一家上市公司。巴菲特在计算自己的投资收益时，从来不考虑自家公司的股价，而是按照公司净资产来计算的。换句话说，在巴菲特眼中，伯克希尔 – 哈撒韦永远是 1 倍市净率。市场给予公司的估值或高或低，他都当成是市场先生的废话，一笑置之。

也许还是会有人质疑，巴菲特可以那么算，是因为他自己就是大股东。而我们则是银行股的小股东，采用这种算法会不会有点自欺欺人呢？在我看来，这种说法还是被当前的低估值迷住了眼睛。假如几年之后，银行股的估值水平回到 1 倍市净率，甚至更高。那时候大家就会发现，只按照账面净资产计算收益，其实才是更保守的。因此分析大类资产长期配置的最好办法，就是不要考虑市场估值的波动，直接看净资产收益率，不要让市场先生影响了你的判断。

据我所知，欧美的房产出租手续相当烦琐，所以很多人只是从一套房子里腾出一间来招揽租客，补贴家用，专门购置一套完整公寓用来出租的属于少数。如果真有那么大资金量的话，人们更愿意选择持股收息。毕竟这样打理起来方便，流动性也好。

其实早在一百多年前，华尔街就有一个概念叫作孤寡股（widow and orphan stock）。这专指那些分红高、波动小、孤儿寡母可以赖以生存的股票，而且这里还有一个特别的要求，即这种股票的业绩不能走独立行情。宏观好，它也要好，宏观差，它也要差，突出一个相对稳定性。

欧美投资市场普遍相信一条原理：任何投资标的，但凡它有独立上升的时期，必然也会有独立下降的时期。上升也独立，下降也独立，最终投资者的资产规模就会偏离原本的社会阶层。有可能是向上跨越，当然也有可能是向下跌落。所以成熟市场的典型投资者被称为老钱（old money），他们与我们 A 股同行的心态是很不一样的，他们只追求锁定财富排序位置。按照这个要求，大型银行是孤寡股的天然候选对象。比如，汇丰银行就曾经是中国香港市场中最著名的孤寡股。

经过几十年快速发展，中国现在也有一批投资者客观上符合了"老钱"的标准，只不过他们自己的心态可能还没有与时俱进，仍然停留在"新钱"状态。或者说，沉淀的时间仍然还不够长久，可能还需要一个过程。

我个人非常欣赏《史记·货殖列传》中的一句话，叫作："无财作力，少有斗智，既饶争时。"它描述了财富人生的三个阶段：一是本金不够的时候不要总想着投资，从劳动上得来更快；二是等到有了一定资本，就要多动脑筋，找出市场定价的错误，大胆出手；三是当资本已经相当丰厚时，就不要再沉迷于与人斗智了，这时候最重要的是顺应潮流，站在历史发展的必然性这一边。

当然，《史记》所说的"既饶争时"是指资产规模大到一定程度，但是它所包含的原理却适用于每一个人。一个 20 几岁的大学毕业生，他所拥有的资本绝大多数是以人力资本的形式存在的。此时他的金融资产配置风格可以很激进，哪怕亏光了也无所谓。但是对于一个 40 多岁的中产阶级来说，他所拥有人力资本已经大部分转化为金融资产，此时他的风险偏好显然应该保守一些。因为亏不起，亏大了可能就再也翻不了身了。

从典型用户画像的角度看，以前的中国股民就像是一个 20 多岁的小伙子。慢慢地，小伙子已经成了大叔，风险偏好不可能也不应该那么激进了。从宏观上讲，过去中国人的金融资产绝大部分都在银行系统中完成配置。以打破刚性兑付和银行理财产品净值化为标志，一场波澜壮阔的存款搬家过程正在展开。就像小鸟离巢一样，最大胆的鸟儿先飞，这就推动了 2019 ～ 2021 年的基金重仓股行情。接下来将要起飞的第二只和第三只鸟儿，它们的风险偏好可能会更倾向于中风险、中收益。而低估值、高分红、顺周期的蓝筹股正是它们的最优选择。

## 龟兔赛跑

在经典的金融理论中，股票价格总是被假设为随机漫步。如果我们观察一些银行股的长期走势，比如月 K 线，很容易发现它们明显不是随机漫步，而是具有一定规律的。我们这里给出了申万银行指数图，如图 7-3 所示，它的价格非常具有代表性。其他银行股个股的走势，读者可以自行查看。

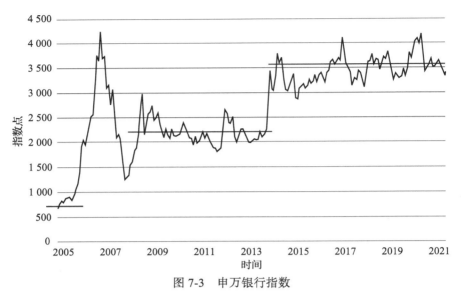

图 7-3    申万银行指数

资料来源：万得金融终端。

从上面这张图中，我们能看出些什么来呢？第一，银行股的走势是比较温和的。A 股市场的许多股票都经历过大幅震荡，最终表现为巨大的 V 形或者倒 V 形图形。

第二，银行股的价格往往会在一个狭窄的箱体里震荡很多年。所谓箱体震荡，就是向上有顶，向下有底。这显然跟我们前面说的随机漫步的特征是有所冲突的，在我看来，应该是有许多投资者把银行股当成一种固定收益产品，反复持续地高抛低吸。只要这样做的人足够多，它就会形成一种惯性。迁延日久，这种心理预期固化下来，也就更加强化了箱体震荡的特征。

第三，银行股每隔若干年，就会有一次突破箱体的大涨。这种突破一旦实现，就会以猛烈的态势迅速发展，在一段时间内直线拉升，一步到位。箱体突破之后就是加速上涨，这其实是技术分析的基础定理之一，当然不能用随机漫步来解释了。

转换成通俗易懂的语言来讲，那就是有新的玩家进入市场，打破了原有的均衡状态。新晋资金把"高抛"的那些存量卖单收掉之后，向上的阻力就很稀薄了。而那些老玩家发现自己"卖飞"了之后，往往还会回头来追高，于是就形成了加速上涨的局面。

逻辑往往是对称的。仅从理论上看，箱体当然也存在向下突破，形成加速下跌的可能性。但是在可预见的将来，我不认为这种事情会发生在中国的银行股上。如此判断的底气何在呢？这就要谈到基本面情况了。历年申万银行业指数的基本面财务数据和比率如表 7-1 所示。

表 7-1　历年申万银行业指数的基本面财务数据和比率

（单位：元 / 指数点）

| 年份 | 指数 | 净利润 | 净资产 | 市盈率 | 市净率 |
|---|---|---|---|---|---|
| 1999 年 | 1 000 | 17.5 | 140.4 | 57.0 | 7.12 |
| 2000 年 | 914 | 13.6 | 184.3 | 67.2 | 4.96 |
| 2001 年 | 794 | 16.4 | 163.0 | 48.4 | 4.87 |
| 2002 年 | 660 | 22.2 | 165.0 | 29.7 | 4.00 |
| 2003 年 | 732 | 24.9 | 197.7 | 29.4 | 3.70 |
| 2004 年 | 576 | 34.5 | 234.1 | 16.7 | 2.46 |
| 2005 年 | 696 | 43.7 | 291.3 | 15.9 | 2.39 |
| 2006 年 | 1 905 | 55.7 | 420.6 | 34.2 | 4.53 |
| 2007 年 | 3 735 | 91.7 | 590.1 | 40.8 | 6.33 |
| 2008 年 | 1 345 | 190.0 | 764.5 | 7.1 | 1.76 |
| 2009 年 | 2 741 | 189.8 | 1 004.2 | 14.4 | 2.73 |
| 2010 年 | 2 125 | 240.3 | 1 249.7 | 8.8 | 1.70 |
| 2011 年 | 2 022 | 299.5 | 1 555.0 | 6.8 | 1.30 |
| 2012 年 | 2 314 | 373.3 | 1 866.3 | 6.2 | 1.24 |
| 2013 年 | 2 101 | 416.1 | 2 166.4 | 5.1 | 0.97 |
| 2014 年 | 3 429 | 467.8 | 2 617.6 | 7.3 | 1.31 |
| 2015 年 | 3 382 | 477.1 | 3 103.0 | 7.1 | 1.09 |

（续）

| 年份 | 指数 | 净利润 | 净资产 | 市盈率 | 市净率 |
|---|---|---|---|---|---|
| 2016 年 | 3 215 | 484.2 | 3 572.7 | 6.6 | 0.90 |
| 2017 年 | 3 642 | 492.2 | 3 834.1 | 7.4 | 0.95 |
| 2018 年 | 3 108 | 522.4 | 4 257.8 | 6.0 | 0.73 |
| 2019 年 | 3 821 | 544.3 | 4 717.3 | 7.0 | 0.81 |
| 2020 年 | 3 697 | 510.6 | 5 206.8 | 7.2 | 0.71 |
| 2021 年 | 3 527 | 585.9 | 5 879.0 | 6.0 | 0.60 |
| 2022 年 6 月 | 3 404 | 613.3 | 6 078.5 | 5.6 | 0.56 |

注：此处的净利润和净资产指对应每个指数点的净利润和净资产。
资料来源：万得金融终端。

表 7-1 中所列 20 多年的数据，体现了一个基本趋势，那就是中国银行业的业绩始终保持稳定增长，这与中国宏观经济的发展进程是相符合的。

我们知道，市盈率和市净率是两个最重要的估值指标。如果股价不变而净利润上升，就体现为市盈率下降。如果股价不变而净资产上升，就体现为市净率下降。

从表 7-1 中不难发现，银行股的价格时常停滞。在 2005 年和 2013年，分别是银行业估值水平的两个低点。在此之后，它们均出现了爆发式的重大投资机遇。

总结起来，中国银行业的估值过程就像是一场龟兔赛跑。银行股的业绩就像是乌龟，它总是以一个比较稳定的速度不断向前爬。而银行股的股价就像是兔子，它习惯于跳跃式地前进，一下子蹦到乌龟前面了，它就开始睡大觉。等到呼呼睡醒，发现乌龟又已经爬到前面去了，它就再来一个猛的大跳。

基于龟兔赛跑的逻辑，我们可以估算一下现在买入银行股的收益。假如你坚信银行股业绩没问题，估值迟早会修复到 1 倍市净率以上，那么现在以 5.6 倍市盈率买入，就相当于你已经锁定每年赚得 5.6 的倒数，大约是 18% 的年化收益率。

只不过这 18% 不是当场兑现，而是先储藏在银行大账上。每年分红可以兑现一点，等到估值修复到 1 倍市净率的时候，它就可以全部兑现了。在今天的理财市场上，哪里去找预期年化 18% 的投资？当然，投资者必须以付出相当的耐心作为代价。

我们还可以把等待时间也考虑进来，做一个示意性的估算。假设银行股 5 年后回到 1 倍市净率估值，那么按照净资产收益率 10% 计算，现在以 0.56 元买入 1 元净资产，到那时已经增长到 1.61 元净资产。0.56 变成 1.61，相当于增长了 188%，年化收益率为 23.5%。

我们再保守一点，假设银行股 10 年后回到 1 倍市净率估值，并且按照净资产收益率只有 8% 计算，现在以 0.56 元买入 1 元净资产，到那时已经增长到 2.16 元净资产。0.56 变成 2.16，相当于增长了 286%，年化收益率为 14.4%。

有些读者对这些数字可能没什么概念。笔者写作的时间是 2022 年 6 月底，过去 5 年收益 188% 是什么水平呢？同期可比的 3265 只股票里，可以排名到前 211 位。过去 10 年收益 286% 是个什么水平呢？同期可比的 2323 只股票里，可以排名到第 304 位。这样的收益水平，你觉得满意吗？

另外备注一下，为了计算简便，上述两处计算都没有考虑分红因素。如果考虑进来，收益率还会更高，因为低估净资产的兑现提前了。

## 龟兔赛跑的原理

股价与基本面之间呈现龟兔赛跑的关系，很多投资者对此都不陌生。为什么这个关系在银行股上体现得特别明显呢？这大概可以从银行股的基本面特征上找到原因。

现在我们选取一个时间区间，用这段区间内的最高价去除以最低价，得到一个振幅，然后再用这个振幅去跟区间成交金额相比，得到一个指标。这个指标的设计其实不难理解，对应到物理上来讲，振幅就相当于距离，成交金额就相当于能量。消耗同样的能量，能够推动的距离越短，这说明阻力越大。

我选取从 2015 年底到 2022 年 6 月这个时间段，计算了 A 股各行业的成交推动振幅，然后再把它们按照申万行业分类取中位数，得到表 7-2。

表 7-2　A 股各行业百亿成交推动振幅

| 行业 | 100 亿元成交金额推动振幅 | 行业 | 100 亿元成交金额推动振幅 |
|---|---|---|---|
| 银行 | 4.29% | 通信 | 28.49% |
| 非银金融 | 7.26% | 电气设备 | 29.32% |
| 钢铁 | 10.98% | 医药生物 | 29.56% |
| 采掘 | 15.81% | 家用电器 | 29.96% |
| 有色金属 | 17.15% | 计算机 | 31.28% |
| 国防军工 | 19.56% | 休闲服务 | 32.08% |
| 交通运输 | 19.61% | 化工 | 32.28% |
| 农林牧渔 | 21.67% | 传媒 | 34.12% |
| 房地产 | 21.88% | 汽车 | 34.40% |
| 建筑材料 | 24.06% | 建筑装饰 | 34.64% |
| 公用事业 | 24.40% | 综合 | 39.22% |
| 商业贸易 | 26.88% | 轻工制造 | 39.90% |
| 食品饮料 | 26.91% | 纺织服装 | 41.05% |
| 电子 | 28.36% | 机械设备 | 43.10% |

资料来源：万得金融终端。

平均来讲，100 亿元成交金额只能推动银行股振动 4 个多点，几乎是第二名非银金融的一半，甚至不到最后一名机械设备的 1/10。这样我们就有一个量化的概念了。长期来看，股票的价格是由基本面决定的。基本面改善，价格上升。基本面恶化，价格下降。这一点，我想大多数投资者都会同意。用数学语言来表示，即价格是基本面的函数。如果我们对函数的自变量和应变量同时做一次微分，等式仍然应该成立。通俗易懂地说，就是我们不仅要注意两件事物之间的联系，还可以把视角上升一个维度，来考查它们各自变化规律之间的关系。

我们有理由猜想：银行股难以炒作的特征，很有可能是由于银行业的基本面特别稳定，缺乏波动。接下来我们要做的事，就是找到客观证据。

于是我统计了 2016 ～ 2021 年所有 A 股的历年净利润增长率，然后计算了这些数据的标准差。为了加强检验效果，我又把时间范围扩大到 2010 ～ 2021 年，再次计算了相应的结果。最后按照申万行业分类取中位数，得到的结果如表 7-3 所示。

表 7-3　各行业不同时间段的业绩增速标准差

| 行业 | 2010 ～ 2021 年业绩增速标准差 | 2016 ～ 2021 年业绩增速标准差 | 行业 | 2010 ～ 2021 年业绩增速标准差 | 2016 ～ 2021 年业绩增速标准差 |
|---|---|---|---|---|---|
| 银行 | 15.6% | 6.1% | 电气设备 | 105.8% | 83.1% |
| 食品饮料 | 57.4% | 48.7% | 国防军工 | 106.6% | 73.6% |
| 交通运输 | 58.0% | 58.4% | 计算机 | 107.2% | 88.3% |
| 轻工制造 | 67.9% | 66.7% | 休闲服务 | 110.5% | 119.3% |
| 汽车 | 70.1% | 54.9% | 非银金融 | 118.7% | 74.6% |
| 建筑装饰 | 72.3% | 47.4% | 房地产 | 134.2% | 123.1% |
| 机械设备 | 80.0% | 72.7% | 通信 | 137.1% | 132.2% |
| 公用事业 | 83.8% | 63.9% | 建筑材料 | 155.3% | 114.9% |
| 纺织服装 | 86.1% | 79.1% | 有色金属 | 191.3% | 122.7% |

（续）

| 行业 | 2010～2021年业绩增速标准差 | 2016～2021年业绩增速标准差 | 行业 | 2010～2021年业绩增速标准差 | 2016～2021年业绩增速标准差 |
|---|---|---|---|---|---|
| 医药生物 | 88.2% | 82.8% | 传媒 | 200.1% | 208.4% |
| 家用电器 | 90.7% | 67.0% | 农林牧渔 | 211.9% | 196.5% |
| 化工 | 93.8% | 82.5% | 综合 | 245.8% | 98.0% |
| 商业贸易 | 105.4% | 98.6% | 采掘 | 351.2% | 193.8% |
| 电子 | 105.7% | 95.9% | 钢铁 | 368.5% | 176.1% |

资料来源：万得金融终端。

这一回银行股简直是特立独行，而且表现得颇为夸张。按照 2010～2021 年计算，银行股的业绩波动率还不到第 2 名食品饮料的 1/3，更不到最后一名钢铁行业的 1/20。按照 2016～2021 年计算，它甚至与其他所有行业都存在数量级上的差异。

分析到这里，我们就可以解释银行股龟兔赛跑的原因了。银行股的业绩特别稳定，如果估值水平始终保持在市净率 1 倍左右的话，那么其价格应当是以净资产收益率，也就是 10% 左右的水平持续增长的。对于游资来说，推动 10% 左右的涨幅也需要耗费大量资金，而且没有足够的上下波动空间，那就不是一笔划算的买卖，不值得参与。于是，我们就看到银行股绝大多数时间都在箱体震荡。

那么什么时候游资觉得可以操作了呢？必须像挤压弹簧一样，把势能积蓄到一定程度，比如有翻倍的空间，那么即使消耗资金比较大，但是从底部推起来，拉出足够的空间，然后高位派发，这样一套操作下来还是有利可图的。这就体现为几年一次的爆发式行情了。

## 心不在焉的机构投资者

有些人可能会提出疑问，为什么只能靠游资来启动行情呢？以资产定价为专业的机构投资者都在干什么？这可就说来话长了。

银行基本面波动小意味着波动率小，外行人可能不觉得。可是对于行业研究员来说，波动率小意味着业绩没有波动，意味着没有预期之外的增量信息，意味着报告写出来也无人问津，更意味着研究员没有存在的必要。

这里我简单介绍一下证券行业二级市场的结构。在企业 IPO 的过程中，除上市公司自身之外，券商投行、券商研究所、律师事务所、会计师事务所等，这些机构都是对外提供服务而不管财务的。它们组成一个圈子，称为卖方。公募基金公司、私募基金公司、保险公司、券商自营、券商资管等，这些机构只负责安排资金来购买股票，不对外提供服务。它们组成一个圈子，称为买方。这里所谓的买和卖，指的其实不是证券本身，而是服务。在 IPO 完成之后，仍然在二级市场上保持活跃的卖方就只剩下券商研究所了。只有在非常深度的研究中，买方才需要去接触投行和会计师。

在买方机构内部，可以分出比较重要的两群人。一群是有决策权限，可以下达交易指令、职业生涯凭业绩说话的，称为基金经理或者投资经理。另一群是没有决策权限，但是可以提出相关建议的，称为买方研究员。

买方研究员的工作内容与卖方分析师很相似，只是工作强度稍低一些。买方研究员只服务于内部客户，外部客户对他们的水平高低并不了解。因此买方研究员的劳务议价能力天然低于卖方分析师，他们的职业发展大多只能寄望于转职成为基金经理。

据我了解，在一家基金公司中，通常会安排 1 名研究员覆盖银行、

证券、保险、地产，安排 1 名研究员覆盖钢铁、煤炭、有色，再有 3
名研究员看医药，10 名以上的研究员看科技股。你觉得这样的团队配
置合理吗？在现在的市场环境下，这样的团队配置是非常典型的。另
外请注意我使用的动词，前面几个行业叫作"覆盖"，后面的才叫作
"看"。虽然某个行业归此名研究员，但是公司没有持仓，而且也不准
备买，那就只能算是覆盖。

据我所知，很多基金公司已经有三五年，甚至七八年没有提拔过金
融地产研究员作为基金经理了。很多券商研究所的银行首席常年不出
来路演，更没信心去争佣金派点，只好以做委托课题度日，变着方法
与宏观分析师抢活干。

银行业唯一的好处，就是市值还算大，在新财富、水晶球等奖项排
名里，总有它的一个位置。全市场的银行研究员，没法出去跟其他行
业比，但是可以关起门来自己较量。如果能拿奖，倒也算一条晋升之
路。不过，现在研究所的流量也开始向头部集中。大券商自己就有造
星能力，用不着借助奖项。只剩下一些名气一般但野心不小的中型券
商还算在乎，愿意按照奖项补充新人。

2021 年，A 股银行业的净利润总额是 1.9 万亿元，医药行业是 2000
亿元。A 股银行业的总市值是 9 万多亿元，医药行业是不到 7 万亿
元。<sup>○</sup>一家典型券商研究所的银行研究团队是 1 ～ 3 人，而医药团队则
是 10 ～ 25 人。

我们都知道，市场经济讲究供需平衡。当需求不足的时候，如果
供给能够下降，价格就能稳住了。事实上，无论是买方还是卖方，虽

---

　　○　上市公司年报整理所得。

然过去那么多年，银行研究团队一直在"去产能"，但是价格并没有企稳。银行研究员的年薪普遍大幅低于平均水平，甚至只有热门行业的一半。行业好的时候，经常有传言，某某研究员拿到了天文数字的年终奖，可是这种好事基本落不到银行研究员这里。要是把这种机遇也算进来，差距就不是几倍而是十几倍了。

讲了这么多行业现状，我想说明的是，现在 A 股的机构投资者中，银行研究员的士气是非常低落的。人员更新慢，工作缺乏激励。从大处着眼，这种士气状态与银行股的价格疲软形成了恶性循环。从小处着眼，它还造成了局部扭曲。

这个"恶性循环"怎么讲呢？我们知道，A 股市场的发展历史并不长，谈不上什么世家门派，一般大学里也没有专门的学科教授育来教授证券投资。几乎所有的从业人员，入行之前都是一张白纸。他们的投资风格是什么样的，偏好哪些行业、哪些股票，完全取决于他自身入行之后短短几年的工作经历。这就形成了一个现象，叫作路径依赖。企业家其实也是这样。正所谓"江山易改，本性难移"。

可想而知，当今市场上一大部分的基金经理都是看消费和科技股出身的研究员，凭借挖到快速上涨的股票才成功的，身边又是一群像当年自己的新人。于是，上有所好，下必甚焉。大型机构带头追捧，奋力抱团，小机构和散户闻风而动，推波助澜。那些宠儿公司的股价就"好风凭借力，送我上青云"了，股价这一起来，就更加证明了他们投资风格的正确性，至于那些费了劲儿还涨不动的银行股，那可不就是"老鼠过街，人人喊打"了吗？

所谓"局部扭曲"又做何解？那就是说，银行研究员刻意模仿科技股的研究思路和推荐话术，强调市场占有率，揣测管理层意图，将净利润增速视为核心变量，描绘成长故事，讲述催化剂……按照这些标准，市场占有率高的区域性银行、拨备覆盖率高的银行上调利润的可能性大，规模小的银行成长速度快。于是，勉强对银行业有一点兴趣的基金经理，就都集中在这些个股里。结果这些银行股就成了万绿丛中一点红，获得了明显高于同行的估值水平。

由于本书定位于行业研究，所以我不想对个股进行评价。更何况，这些局部扭曲仍然不过是整体低估中的相对高估而已。我还是想指出，银行业自有其独立的属性与特点，照搬其他行业的模式进行研究，只能是削足适履。

话说到这里，其实就不只是研究层面的问题了。对于基金经理来说，哪怕他完全认同银行股的价值，完全相信银行股就是会下金蛋的鹅，他也很难下定决心配置银行股，主要是因为投资周期不同。投资周期，英语叫 time horizon，就是从投入本金到收回全部投资的时间跨度。我曾经做过计算，绝大多数基民的投资周期是很短的，全市场新发基金的规模"半衰期"是 6 个月，所以如果半年没赚钱，别人就不会再陪你玩了。

从这个角度说，基金经理就像是选秀舞台上的新人。评委对你的要求是：在 5 分钟内证明自己，否则就靠边站。对应到现实生活中来，评委就是各种代销渠道。可是渠道也会抱怨，他们也想要长跑明星。然而不要说 10 年了，全市场拥有 5 年连续可比业绩的基金经理又有多少呢？只能在这个小圈子里选人吗？再说了，如果长跑明星眼下表现不突出，基民也不会认账的。

最后问题抛到了基民那里，人家只要来一句：过往业绩不能代表未来表现。那么，必须从今天开始赚钱，否则就不算数了。谁要想教育他们，就得拿出证据证明：过去涨得好，将来也更可能涨得好。只是这样的规律，真的存在吗？假如不存在，买谁的基金不都是一样的。

以上主要是公募基金的情况。私募基金和券商资管由于客户议价能力强，生存压力更大，投资周期通常只会更短。保险公司照理说投资周期可以拉得很长，但这取决于领导风格。由于买方圈子是高度联通的，交流来交流去，永远都是那些人在做，所以事实上投资风格都跟公募基金没多大区别。

## 风险收益比

尽管有种种客观局限作为理由，我认为国内资产管理行业还是有一个很大的遗憾，那就是没有充分推广风险收益比的概念。这个概念应当是区分投机与投资的核心指标。现在 A 股市场对资管产品的评价，几乎都是只看收益，不谈风险的。这就促使基金经理在短期业绩的压力下，变本加厉地追求风险。

某些基金通过单边押注，行业配置单一化，获得了超常业绩，引起规模爆发式增长。媒体的关注随之到来，动辄号称千亿、顶流。那么其他基金经理可能会想，哪天要是宣布放开持股集中度 10% 的限制，第二天就会有满仓单票的基金冒出来，如果再放开融资限制，马上就可以把杠杆加满。陈胜、吴广曾说："今亡亦死，举大计亦死，等死，死国可乎？"如今基金经理的心态，就与他们那时有相似之处。

我之所以这么强调风险收益比有两方面原因。首先，这是信托责任的基本准则，坚持风险收益比本来就应该是整个资产管理行业的立身之本。其次落实到本书的主题，这种缺失进一步压制了机构投资者对银行股的兴趣。关于风险收益比，国际上的研究已经非常成熟了。收益的衡量，主要看价格或净值的增长。可是风险怎么衡量？翻开 CFA 教材，我们至少可以找到 5 种不同的风险指标。用月度胜率来算也可以，用最大回撤来算也可以。不过最常用的，还是以净值的波动率来衡量风险。我们用收益率减去无风险利率，再除以波动率，得到的就是著名的夏普比率（Sharpe Ratio）。

夏普比率高的股票是什么样的呢？用戏剧化的语言来描述，就是平时不怎么动弹，像只肥猫似的趴在那儿，要是哪天一动起来，是尽往上蹦的那种……

我计算了全部 A 股的夏普比率，时间范围是 2016 年至 2022 年 6 月，然后再按照申万行业分类取中位数，得到表 7-4。

表 7-4　各行业 2016 年至 2022 年 6 月夏普比率

| 行业 | 2016 年至 2022 年 6 月夏普比率 | 行业 | 2016 年至 2022 年 6 月夏普比率 |
|---|---|---|---|
| 食品饮料 | 19.7% | 机械设备 | −9.3% |
| 有色金属 | 18.0% | 公用事业 | −15.5% |
| 钢铁 | 17.6% | 轻工制造 | −16.2% |
| 电子 | 16.1% | 非银金融 | −17.2% |
| 采掘 | 12.0% | 交通运输 | −23.9% |
| 化工 | 11.2% | 综合 | −24.3% |
| 银行 | 9.1% | 计算机 | −25.0% |
| 建筑材料 | 5.0% | 建筑装饰 | −27.6% |
| 电气设备 | 3.2% | 通信 | −29.1% |
| 家用电器 | 2.1% | 商业贸易 | −31.0% |
| 国防军工 | 1.2% | 传媒 | −36.2% |
| 医药生物 | −3.5% | 纺织服装 | −36.5% |
| 农林牧渔 | −3.9% | 房地产 | −43.3% |
| 汽车 | −6.4% | 休闲服务 | −59.8% |

资料来源：万得金融终端。

高居榜首的是食品饮料，这恐怕并不出人意料。可是银行能排到第7名，是不是已经超出许多读者的预期了呢？接下来，我们再把起始时间提前到2010年，如表 7-5 所示。

表 7-5　各行业 2010 年至 2022 年 6 月夏普比率

| 行业 | 2010 年至 2022 年 6 月夏普比率 | 行业 | 2010 年至 2022 年 6 月夏普比率 |
|---|---|---|---|
| 电子 | 30.1% | 轻工制造 | 17.6% |
| 银行 | 27.9% | 通信 | 17.2% |
| 国防军工 | 24.8% | 农林牧渔 | 17.2% |
| 食品饮料 | 23.6% | 公用事业 | 16.6% |
| 家用电器 | 22.4% | 交通运输 | 15.2% |
| 计算机 | 22.2% | 综合 | 14.3% |
| 医药生物 | 20.6% | 房地产 | 13.1% |
| 电气设备 | 19.7% | 建筑装饰 | 12.8% |
| 非银金融 | 19.4% | 机械设备 | 11.8% |
| 钢铁 | 19.2% | 纺织服装 | 10.9% |
| 化工 | 18.4% | 有色金属 | 9.9% |
| 传媒 | 18.1% | 商业贸易 | 6.5% |
| 汽车 | 17.8% | 休闲服务 | 2.4% |
| 建筑材料 | 17.7% | 采掘 | −1.9% |

资料来源：万得金融终端。

银行居然上升到了排行榜第二，我估计这个结果会出乎许多人的意料。我们日常买东西，常常把性能和价格结合起来看，追求性价比。那么在投资的时候，怎么能不考虑风险收益比呢？比如同样两只股票，它们都有潜在利好。如果能够兑现，它们都有 50% 的上涨空间。如果利好未能兑现，A 股票将会下跌 30%，而 B 股票只会下跌 10%。简单地说，就是用 A 股票 30% 的下跌概率去博 50% 的上涨概率，而用 B 股票 10% 的下跌概率去博 50% 的上涨概率。那么如果让你选择，你是选择 A 股票呢，还是选择 B 股票呢？

俗话说，未料胜，先料败。理性的投资者一定会选择 B 股票，甚至我们把条件改一下，哪怕 A 股票能够用 30% 的下跌概率去博 100% 的上涨概率，我还是会选择 B 股票。当然，人各有志，有些投资者就是偏好高风险、高收益，这是没问题的。不过，普通投资者还是应该多考虑一点风险的，A 股市场从来都有"七亏二平一赚"的说法，只不过有时大家都以为自己会是那个"一"罢了。

## 迎接未来

有句古话叫作知行合一。研究与投资的框架必须相互匹配，长期研究框架只能得出长期结论，不能预测短期股价表现。同样地，短期研究框架只能得出短期结论，无法把握长期规律。本书的研究框架完全是基于宏观的，因此得出的结论并不适用于短期，这一点希望读者务必注意。

具体而言，我们的研究可以分为两条主线，一条是回顾历史沿革的时间线，另一条是注重国际比较的空间线。前者的结论是价值回归，后者的结论是风格转换。前者的决定力量主要在国内，后者的决定力量主要在国际。未来几年，我们很有可能观察到这两条主线、两个周期的共振，由此形成罕见的投资机会。理论上讲，这个机会的覆盖面应该很大，只不过本书选取的落脚点是逻辑最为清晰的银行股。

按照逻辑推理三段论的要求，价值回归这个结论需要有两个前提，大前提是银行的特殊系统重要性，小前提是中国经济能够实现稳定增长。风格转换这个结论也需要两个前提，大前提是美国成长股的高估值来自企业的垄断地位，小前提是中国的科技进步终将打破美国科技巨头的垄断。当然，这些命题之下还可以有许多细分的命题。

　　本书对于两个大前提的论述是比较充分的，历史和现实情况也很清楚，可能形成的争议较少。对于两个小前提，本书也明确给出了倾向性的意见，但是不排除仍有质疑和担忧。读者可以继续观察，结合新出现的情况进行判断。

　　客观地说，本书提供的事实和论述仍然是相当基础的。读者在吸收其有益成分的基础上，完全可以得出不同于"买入银行股"的，更加适合于自身风险偏好的投资策略。无论如何，我希望本书的宏观视野能够给投资者的日常实践提供一些帮助。希望大家在忙于眼下的同时，不要忘记做好准备，迎接未来。

# 第 8 章

# 坏账问题

- 坏账问题的本质不是技术问题，而是信任问题。再多的技术信息也回答不了信任问题，那无异是缘木求鱼。如果有信任的话，万事好办。大家照章办事，一是一、二是二，只要会算加减乘除就行了。可是如果没有信任的话，就算是天生七窍玲珑心也不行。早在一百多年前，J. P. 摩根就曾经说过：一个我不信任的人，哪怕以基督教世界的所有资产做抵押，我也不会给他放贷一分钱。

- 人民币是强势主权货币，SDR 第三大成分，仅次于美元、欧元，每年还有数千亿美元的贸易顺差支持其汇率。过去 10 年，人民币对欧元、日元一直保持升值态势，对美元则保持稳定。在调节其对内价值方面，人民银行也具有很大的操作空间。

- 新业务办得那么多，老业务里的问题难免要漏出来一些。就算不漏出来，也要被摊薄。摊薄再摊薄，岂不就所剩无几了……其实这才是解决中国银行业坏账问题的最好方法。还是用大家耳熟能详的那句话来总结：发展中产生的问题，都将在发展中得到解决。

## 坏账问题的本质

任何关于银行股的讨论，都绕不开坏账问题。我目睹过很多次投资者激辩银行股投资价值的场景，多头气吞山河、头头是道，空头只要轻启朱唇，讲出"坏账"二字，就能让对方头痛欲裂、百口莫辩。

在开始深入讨论之前，我们有必要先厘清一个概念。一般投资者质疑中国银行业的坏账问题，其本质并不是技术问题，而是信任问题。

如果一定要说技术问题，飞行员算得上是高技术工种了，可飞行手册拿出来也不过是几百页的一本。现代商业银行的操作规则是非常复杂的，如果是把一家大型银行的存贷业务规则文件全部搬出来，那估计一个停车场都不够放。对于一些大型银行来说，我甚至可以断言任何人都学不完它的所有规则。这是因为新文件生成的速度已经超过了人类大脑的吸收能力的上限了，所以一个人怎么可能学得完呢？

早在1998年中国就开始自发对标学习《巴塞尔协议》，而今天的四大行都已经被选为全球系统重要性银行。后续还有几家股份制银行很快也会入选。国内、国际，分行、总行、银保监会，事前、事中、事后，内部稽核、外部审计，这么多双眼睛注视着，在这种情况下，要是能在账面上让我们看出问题来，那我们也太厉害了。

我再举一个现实中的例子，这是一个典型的坏账问题。由于大股东的原因，2019 年 5 月某地方商业银行被人民银行、银保监会接管，2020 年 11 月宣布"无法生存"。在该银行被接管前，2016 年年报是我们能看到的最后一份财报。哪怕你现在已经知道它有隐藏坏账，回过头再去仔细研究它的那份财报，仍然无法发现任何证据。

不良贷款率，关注类贷款率，逾期率，不良 / 逾期 90 天比率，不良生成率……这么一大堆经典的资产质量指标，统统看不出问题。哪怕我们的思路再广一些，把它的三张表串起来看。净息差、生息资产收益率、负债付息率、资本充足率、一级资本充足率、核心一级资本充足率、流动性比例、净稳定资金比例、流动性覆盖率，等等，全部符合监管要求，无一异常。

这个案例充分证明了我们前面的判断，坏账问题的本质不是技术问题，而是信任问题。再多的技术信息也回答不了信任问题，那无异是缘木求鱼。如果有信任的话，万事好办。大家照章办事，一是一、二是二，只要会算加减乘除就行了。可是如果没有信任的话，就算是天生七窍玲珑心也不行。早在一百多年前，J. P. 摩根就曾经说过：一个我不信任的人，哪怕以基督教世界的所有资产做抵押，我也不会给他放贷一分钱。

从公开信息看，中国的银行业非常健康，不存在大规模坏账问题，包括在各种测试情况下，中国银行业承受经济压力的能力也很强劲。无论是与国际同行的横向比较，还是与各个历史时期的纵向比较，都是如此。如果有人觉得一定有问题，那就只能是怀疑银行的报表不可信，有大量坏账被隐藏起来了。

司法界有一条原则，叫作疑罪从无，不过这是对法官来讲的。对于检察官来讲，他们的法定义务就是尽可能地找出一切证据。现在我们就来当一次检察官。

## 检察官

要说寻找真相，最简单的办法就是找吹哨人。吹哨人，英语为whistleblower，原指英国巡警在发现问题时会吹响哨子，呼叫支援，现在反而多用于内部人揭露非法事实。

比如上一节提到的某地方商业银行，我们已经看到了它发布的报表数据是经过粉饰的。假如它现在能把自己的真实情况披露出来，两相对照，那就可以起到寻找真相的作用。只可惜，该银行已经于2021年2月完成破产程序，相应的数据我们可能永远也无法看到了。

所幸的是，无独有偶。失去了那家银行，我们还可以请另一家地方商业银行来当吹哨人。从2017年开始，几家具有国资背景的企业逐渐收购老股东的股份，收购完成后，老股东完全退出。新股东重组了银行的管理层，从上到下全部更换。

对于新股东和新管理层来说，最理性的选择就是充分曝光所有历史遗留问题，尤其是存量资产的质量问题，必须快速披露，否则就会给自己留下难题。果不其然，该银行在2018年发布巨亏年报，2019年亏损收窄，2020年和2021年转为盈利。这一经历，使得该银行变相充当了一次中国银行业"吹哨人"的角色。我很难想象出某种理由，能令它在这种情况下继续隐藏坏账。

那么该银行暴露出来的这个"真实的"坏账数据到底有多严重呢？我们收集了 2012 ～ 2021 年的合计不良贷款率数据，与 A 股同行披露的"可疑"数据做一对比，如表 8-1 所示。

表 8-1　2012 ～ 2021 年合计不良贷款率

| 银行名称 | 2012 ～ 2021 年合计不良贷款率 | 地区 |
| --- | --- | --- |
| 该银行 | 23.42% | 辽宁 |
| 紫金银行 | 20.97% | 江苏 |
| 青农商行 | 18.78% | 山东 |
| 江阴银行 | 18.38% | 江苏 |
| 兰州银行 | 16.72% | 甘肃 |
| 农业银行 | 16.65% | 北京 |
| 浦发银行 | 15.28% | 上海 |
| 齐鲁银行 | 15.15% | 山东 |
| 华夏银行 | 15.07% | 北京 |
| 苏农银行 | 14.91% | 江苏 |

资料来源：万得金融终端。

过去十年，该银行的合计不良贷款率大概是 23.42%，确实高于所有 A 股银行。考虑到该银行暂不属于中国优秀银行，所以该银行与全体 A 股银行是不可比的。如何估计出一个十年合计不良贷款率的可比标准，我想大致有两种方法。由于该银行与招商银行或者工商银行相差甚远，而与比较困难的 9 家 A 股同行平均数差不多，因此我们取后 9 家 A 股银行的大概平均数 16.9%。另一种情况是由于该银行的有关数据与农业银行差不多，因此我们直接取农业银行的 16.65%。

如果这样比的话，那么大概还有 6.5 或者 6.8 个百分点的超额不良贷款率需要找到解释。如果找不到解释，我们就有理由怀疑"隐藏"了。我想了一下，大概可行的解释有以下几种。第一，该银行本部所在的城市属于东北老工业基地，发展势头逊于全国平均。区域经济疲软，企业质地较差。2021 年，农业银行的整体不良率是 1.43%，东北地区是 2.07%，相差 0.64%。如果乘以 10 年，恰好是 6.5 个百分点左右。第二，该银行的管理层经营水平较低，否则新股东为何不留用；第三，该银行有动机调节报表，不排除有人故意在巨额亏损年份额外多报告了一些坏账，以便将来转回，形成利润。以上三条理由，是否足够解释 6.5 或 6.8 个百分点的超额不良贷款率呢？这个可能见仁见智了。

截至 2021 年底，A 股上市银行合计贷款总额约 130 万亿元，假设全国银行业按照 6.5% 的"隐藏"不良贷款率计算，这大概"隐藏"了 8.45 万亿元不良贷款，减去已经拨备的 4.15 万亿元，相当于还有潜在亏损的 4.3 万亿元。$^{\ominus}$按照 2021 年利润总额 2.3 万亿元来计算，大概不到 2 年就可以补上这个"窟窿"。2021 年底，A 股上市银行净资产总计 19.4 万亿元，对应总市值 9.8 万亿元，其间折价将近 10 万亿元，相当于前述估计"窟窿"的两倍多。

**好学生**

如此看来，该银行不能算是成功的"吹哨人"，不过我们不能就此放弃，还可以再换一位。这次，我们找一个最优秀的好学生。这家公司在 A 股和 H 股都享受全行业最高估值，品牌声誉在国内、国际均独树一帜，高管薪酬水平更是数一数二。放眼整个中国银行业，它是最没有理由不爱惜自己的羽毛的。假如真的全行业都在隐藏什么的话，它也一定是动机最弱的那一个。说到这里，大家都应该明白了，我们

---

⊖　上市公司年报整理所得。

这次要请来"吹哨"的，正是招商银行。

在表 8-2 中，我们列出了 A 股市场总市值（截至 2022 年 6 月）排名靠前的 20 家银行，以及它们在 2012～2021 年的合计不良贷款率。其中招商银行的数字是 12.21%，与全体平均的 12.7% 相差无几。如果按合计不良贷款率排序的话，可以在 20 家银行里排第 6。另外，全体 A 股上市银行整体的十年合计不良贷款率是 13.6%，比招商银行略微高一些，但不显著。

表 8-2　A 股市场总市值排名前 20 家银行及其 2012～2021 年的合计不良贷款率

| 银行名称 | 市值（10 亿元） | 2012～2021 年合计不良贷款率 |
|---|---|---|
| 工商银行 | 1 594 | 13.54% |
| 建设银行 | 1 199 | 13.62% |
| 农业银行 | 1 035 | 16.65% |
| 招商银行 | 981 | 12.21% |
| 中国银行 | 895 | 13.01% |
| 邮储银行 | 471 | 7.35% |
| 兴业银行 | 413 | 12.45% |
| 交通银行 | 348 | 13.86% |
| 平安银行 | 270 | 13.35% |
| 浦发银行 | 228 | 15.28% |
| 宁波银行 | 219 | 8.31% |
| 中信银行 | 208 | 14.32% |
| 民生银行 | 158 | 14.70% |
| 光大银行 | 157 | 13.37% |
| 南京银行 | 116 | 8.82% |
| 江苏银行 | 97 | 12.90% |
| 北京银行 | 95 | 11.60% |
| 上海银行 | 91 | 10.92% |
| 杭州银行 | 80 | 12.65% |
| 华夏银行 | 78 | 15.07% |
| 平均 | | 12.71% |

资料来源：万得金融终端。

坦白地说，上述数字之间的差异都太小了。招商银行的不良贷款率较低，恰好可以用其品牌和管理层的优秀表现来解释。站在检察官的立场，我们认为的"吹哨"场景应该是这样的：某家银行的经营水平有口皆碑，风险管理开风气之先，但是它公告出来的不良贷款率却明显高于同业。那样的话，我们就有理由质疑其他银行的报表不真实了。可是现在这个数据结构，恐怕很难支撑起合理的怀疑。

我们还有一个比较办法，那就是使用外资银行的报告数据。当然，我们这里假设外资银行是好学生，并不是因为崇洋媚外，而是因为它们的客户大多是在华经营的跨国公司，数据质量确实会高一些。如果它们的不良贷款率没有明显低于本土银行的话，那就又可疑了。

根据银保监会提供的数据，计算过去十年的平均数，在华经营的外资银行总体不良贷款率是 0.74%，国有商业银行是 1.34%，股份制商业银行是 1.30%，城市商业银行是 1.44%，农村商业银行是 2.74%。⊖这个数据结构看上去毫无破绽，国有、股份制、城商行、农商行的资产质量差异也符合行业内的一般评价。看来，我们这次寻找"吹哨人"的努力，也只能以失败告终了。

顺便解释一下，为什么前面我们用的是十年合计不良贷款率，后面又用了平均数。事实上，平均数是更符合行业规范的。只不过在"吹哨人"的案例里，涉及的坏账问题是分几年爆出的，所以我才使用了合计数。当然，这两个数据是完全等价的，只需要除以年份就可以了。

---

⊖　银监会专项报告，万得金融终端可查。

## 博弈强度

暂时找不到合适的"吹哨人",检察官也不必气馁。我们可以从博弈强度上去观察,说不定能够发现一点蛛丝马迹。这是什么意思呢?以前有球队踢假球,满场观众站起来喝倒彩,嘘声吹得震天响。可是,他们怎么知道球员正在踢假球,难道有内线密报?当然不是,球迷就是凭经验,观察博弈强度。

无论做什么事情,所有的参与方都是合作关系。谁也不想因小失大,这便是其中的利害。这就像是团建游戏里,两个人顶着一个气球走,相互之间可以小打小闹,但是绝对不能大打出手,否则气球爆了,双方就都输了。

2022 年 4 月 21 日,国务院召开常务会议,决定阶段性降低中小银行的拨备覆盖率监管要求。我们知道,银行吸收存款,放出贷款,中间产生利差。这些利差不会全部形成利润,而是要拨出一部分,作为将来核销不良贷款的准备。

按照中华传统智慧,年年有余,有备无患,拨备肯定是越多越好的。可国务院的要求是,拨备不需要太多,适当少提一些,剩下的释放成利润。这样做可以多贷款,更好地支持实体经济。从这条消息里,我们就可以看到政府与银行之间的博弈关系。反过来想,假如银行有那个本事,可以比较容易地隐藏坏账,那么拨备水平还会成为经营约束吗?还需要国务院下发文件来进行松绑吗?这是完全没必要的。

2022 年 5 月 24 日,国务院发布六个方面 33 项措施。其中有一条是加大普惠小微贷款的支持力度。小微企业一般信用比较差,催收困难，操作成本高、风险大，银行都不愿意给它们放贷。于是，人民银行设计了一项政策工具，叫作普惠小微贷款支持工具，直接给予银行现金激励。以前的激励比例是 1%，即银行每放出小微贷款 100 亿元，人民银行就补贴银行 1 亿元。本次下发文件，把这一激励比例提高到了 2%。

假设小微贷款的坏账率原本是 3 个点，政府补贴 1 个点，那就相当于坏账率只有 2 个点了。而现在补贴 2 个点，那吸引力可就更大了。显然，国家愿意这样出力，肯定又是一场博弈的结果，目的还是引导银行支持实体。

2014 年，人民银行创立了一项政策工具，叫作抵押补充贷款（PSL），它允许国家开发银行以其债券资产向人民银行申请贷款。人民银行是中央银行，它的贷款一出笼，就是基础货币。国家开发银行也不是一般的银行，它是政策性银行，不承担商业银行职能，专门为国民经济重大中长期发展战略提供服务。因此这个 PSL，从设计上看，就是战略意义上的政策工具。

创设之后，人民银行分别在 2014 年、2015 年和 2016 年投放 PSL 约 3800 亿元、7000 亿元、9700 亿元。这部分资金去了哪里呢？基本上都被国家开发银行用于三四线城市的棚户区改造货币化安置了。这些资金是基础货币，它们从国家开发银行出来之后，就进入到商业银行体系，参与了货币创造。

同样是支持实体，为什么当年人民银行要走 PSL 这条路？其实我们只要看一下上市银行的报表就能理解了。它们的新增逾期贷款率从 2012 年左右就开始攀升，2014 ～ 2016 年，达到顶峰。而同样那 3 年，银行的拨备覆盖率和资本充足率都处于低点。商业银行在保证自身的资产安全和盈利能力的前提下，也真的无法承担更多调节义务了。总之，如果我们认真研究政策和报表，就能够理解很多现实问题。假如不认真研究，看不懂也不学习，或者一概斥为造假，那就只能活在自己的世界里了。

人民币是强势主权货币，SDR 第三大成分，仅次于美元、欧元，每年还有数千亿美元的贸易顺差支持其汇率。过去 10 年，人民币对欧元、日元一直保持升值态势，对美元则保持稳定。在调节其对内价值方面，人民银行也具有很大的操作空间。普惠小微企业也好，PSL 也好，只要中央银行能够给予帮助，一切难关将会渡过。这个看法接近于真相。

## 在发展中解决

分析到这里，可能还有一些矢志不渝的检察官，坚持认为所有的政策博弈都是演戏。只不过他们的表演水平很高，以至于无法看出破绽而已。

诸葛亮有本传世兵书叫作《将苑》，里面有一句名言：战欲奇，谋欲密，众欲静，心欲一。由此可知，越是高水平的计谋，就越是要收紧参与的圈子，不能随便扩大。从这个角度看，那正巧了，银行业也必须持有金融牌照才能经营。只要有门槛，就有小圈子，这不是正好适合搞计谋吗？

这其实是一个常见的误解。银行业经营需要牌照，这是事实，也是国际惯例。过去十年，中国的银行牌照数量基本没有增加，这也是事实。可是读者不妨猜测一下，中国到底有多少家银行，是 100 家、200 家，还是 500 家？都不对，中国有 2300 多家。此外，中国还有 1600

多家新型农村金融机构。这个"稀缺"程度，是不是与大家的想象有点差距。作为对照，中国现在共有140家证券公司，你感觉到证券牌照的稀缺了吗？

2300多家银行一起密谋，这个难度有点高。不过只要控制好规模，把绝大多数业务都抓在少数几家大型银行的手里，这样就不会影响密谋了。可惜这个方法也不容易实现，大型银行有牌照，小型银行也有牌照。凭什么压制小型银行，不让它做业务呢？还是让数据说话吧。

2010年，全体银行业对非金融机构债权总共有37万亿元，其中58%来自国有大型银行，22%来自中型银行，小型银行只占11%。等到2021年，债权总额上升到132万亿元，其中国有大型银行的份额下降到48%，中型银行略微上升到24%，小型银行大幅上升到23%。

前面我们已经介绍过，国有大型银行和股份制银行的不良贷款率较低，城商行和农商行的不良贷款率较高。选择做高端客户，那就必然是少而精；选择做低端客户，那就必然是薄利多销。这是完全符合发展规律的，并没有什么异常之处。

其实相比于排挤小银行，更加重要的是，真要搞小圈子密谋，首先就不能把范围扩大得这么快，否则怎么藏得住秘密呢？过去那么多年，无论是M2、贷款，还是对非金融机构债权，可都一直是两位数增长。新业务办得那么多，老业务里的问题难免要漏出来一些。就算不漏出来，也要被摊薄。摊薄再摊薄，岂不就所剩无几了……其实这才是解决中国银行业坏账问题的最好方法。还是用大家耳熟能详的那句话来总结：发展中产生的问题，都将在发展中得到解决。

第 9 章

# 模式问题

- 工业企业就像是股票基金，银行业就像是债券基金。股票波动大、风险高，所以股票基金一般不许放杠杆。债券波动小、风险低，所以债券基金一般都允许做回购放杠杆。

- 在 J.P. 摩根活跃的时代，各家银行需要自行判断经济周期的特征，并且据此调整自身的经营方针。现在，这项工作很大程度上被转移到了中央银行。对于各家商业银行来说，没有必要打太多小算盘了，大家团结一致朝着中央银行举旗的方向前进。虽然精准踩点的乐趣减少了，但是在半山腰买入的风险也减少了。总账肯定还是合算的。

- 央行就像是银行的亲妈，亲妈做什么事，还不是为了孩子好？真要说亲妈有什么心思，那也是希望孩子的"人生"不要大起大落，能够行稳致远。

## 高杠杆

从商业模式看，银行业有三大特征：高杠杆、顺周期、重资产。想要品评银行商业模式的优劣，通常离不开这三大特征。

我们先来看高杠杆。一个比较典型的工业企业，10元资产大概对应 4 元负债，剩下 6 元净资产。可是银行业基本上是 10 元资产中有 9 元负债，只有 1 元净资产。理论上只要资产端下跌 10%，银行就破产了，但这其实是一种财务上的常见误解。

我以前在做行业研究员时，也曾经犯过类似的错误。那是 2012 年，我们预计到金价要下跌，那么到底是金矿企业受到损失大，还是金店受到损失大？我当时的判断是金店受到损失更大。因为金矿的毛利率为 40%，金店的毛利率不到 10%。两边各减 10 个百分点，金矿的毛利率还有 30%，金店就已经没有毛利了。后来的事实并非如此。当金矿的毛利率下降到 20% 时，金店的毛利率仍有 8%。这个经历让我明白，真实的商业世界远远比表格数据要复杂得多。不同行业对毛利率的定义是一样的，但是不同行业决定其毛利率的函数却是截然不同而且极其复杂的。

回到银行业来讲，绝大多数工业企业的资产端都是实物资产，其价值是极易波动的。尤其是一些特殊的原材料或半成品，此类资产的公允价值更难估量，如果这家企业自己不用，也不会有别的企业会用。而银行业的资产端都是债权，无论债务人是穷是富、钱多钱少，只要对方不破产，债权的价值就是确定的。

如果我们假设工业企业的总资产价值波动 10%，这是一个合理的、完全有可能发生的假设。但是，如果我们假设银行的总资产价值波动10%，那就是一个类似抬杠的、极其不可能发生的假设。看似平常的两个数字，它们背后对应的真实世界情况完全不一样。工业企业就像是股票基金，银行业就像是债券基金。股票波动大、风险高，所以股票基金一般不许放杠杆。债券波动小、风险低，所以债券基金一般都允许做回购放杠杆。

魔术表演里有一个分支叫作科学魔术。很多看上去非常惊险、危如累卵的动作、操作，其实在充分的科学计算之下，是相当安全的。人们之所以会被惊到，只是因为不懂得其中的原理而已。由此阐发开来，我觉得投资者还是要尊重专业。

银行的财务杠杆如何控制，这是《巴塞尔协议》的核心议题。全世界多少聪明的人，花了几十年去研究它。什么叫资本，什么叫核心资本，什么叫一级核心资本，什么叫风险加权资产，每个题目写出来都可以是一本"辞海"。

每家银行里都有一群博士在钻研这些课题，包括投资者脑子里做的各种极端假设，它的专业名字叫作压力测试。然而现实生活中，确实有很多人宁可相信基层网点里一个信贷员的传闻汇编，也不愿意相信总行专家组的报告。这绝对不是一种良好的研究习惯，还是尊重专业吧。我相信，有可能在付出极大的学习成本之后，以专业打败专业，但是我不相信没有根据的传闻能打败专业。

## 顺周期

中国有句古话，叫作覆巢之下，安有完卵。拉长了看，任何行业都是顺周期的。

很多都市传奇都喜欢讲逆风独行的故事。比如，经济衰退的时候口红的销量反而会上升。从消费者角度看，这种现象是存在的。可是让我们停下来思考一下，口红生产商的利润真会因此逆市上扬吗？恐怕没那么容易。由于外部资本肯定会涌入口红生产，对于这些热钱来说，取代原有龙头可能有点难，但是把市场搅成红海，让大家都没法好好赚钱，那倒是有可能的。

其实眼下的中国经济，顺周期不是坏事。中国经济就像是盘山公路，可能有曲折，但总还是向上的。又不是像其他个别国家，经济长期停滞倒退，完全没有增长了。为什么有那么多人对"周期"唯恐避之不及呢？

想要读懂这一点，我们首先需要理解 A 股市场的独特语境。经济学家所说的周期，一般都是指宏观经济周期，其时间跨度通常为 8 ~ 10 年。但是 A 股市场研究报告里所说的周期，其实是特指某个子行业，甚至是某种具体产品的景气周期。这个周期的跨度，短期的大概 6 个月，一般为 1 ~ 2 年，最长不超过 5 年。毕竟按照二级市场现在的规律，5 年后写报告和读报告的人大概率都已经更换位置了。

在 A 股市场，如果有人说一家公司没有周期性，其实是指这家公司的年报甚至季报 EPS（每股净利润）非常确定，不会因为宏观经济波动而波动。仅就这一定义而言，银行股才是当之无愧的非周期，每个季度的 EPS 都很容易预测。投资者在此基础上，可以展开第二层博弈。也就是说，这个报出来的 EPS 不仅得是确定的，而且还得是超出市场预期的。许多卖方分析师常说的"超出市场预期但符合我们预期"，表达的就是这个意思。其实讲到这里，参与者大多已经在内幕消息的边缘游走了，哪儿还有工夫去认真研究商业模式呢。

评价商业模式优劣的关键不在于跳出宏观经济周期，而是要充分利用周期特征，从中获利。研究经济周期的理论很多，比如熊彼特的破坏性创造。类似的，有更加直白的说法，那便是春生夏长、秋收冬藏。每个季节都是大自然的安排，哪怕是行业的冬天，也有它存在的意义。那么怎样才能从周期变化的过程中获利呢？很简单，只要做到两点：第一，保证自己不要在冬天牺牲；第二，为春天做好充足的准备。

从 1694 年英格兰银行成立，到 1913 年美联储成立，银行业在第一点上摸索了几百年。在我国，中央银行与商业银行的关系，完全不同于一般企业与归口部委，比如航运企业与交通部之间的关系。在金融危机中，中央银行是法律意义上的最后贷款人，有人亲切地称央行为"央妈"。

不过在金本位时代，各国央行没有点石成金的魔法，作为最后贷款人的能力终究是有限的。1971 年美国脱离金本位，布雷顿森林体系崩溃，人类彻底进入信用本位时代。从此以后，就不存在大国央行无法解决的债务问题了。这就是我们在第 1 章里介绍过的银行 3.0 时代。只不过这个时代刚刚开始几十年，人们对它的许多特征还没有充分的认识。

在今天的现实世界，投资者基本用不着考虑大型银行的倒闭风险。需要投资者考虑的关键问题是银行如何保持盈利能力，也就是上面所说的如何迎接春天的问题。

2008 年金融危机之后，国际清算银行首先提出逆周期宏观审慎政策框架的概念，中国央行对此非常积极。相比之下，欧、美、日等地区的央行虽然也展开研究，但是动作就慢了很多。为什么会有这样的差异呢？简单来说，逆周期宏观审慎的核心逻辑就是削峰填谷、均输平准。

总之，宏观审慎的前提就是市场总会犯错，因此需要由央行、学术界等非市场化机构来掌握一定资源，为它纠偏。虽然2008年金融危机对欧美社会的震动极大，但是要想推动如此重大的思想范式转变，动能还是远远不足的。而中国在实践宏观审慎政策框架方面，显然具有天然的优势。

所谓削峰填谷，其实就像是股市里的高抛低吸。微观上所有人都想做到，实际上很难实现。当然存在一种甜美的可能：你就抛在最高点，在你之后人人压盘；或者你就吸在最低点，在你之后人人抬轿。那么，如果有一个市场外部的力量，能够起到协调指挥的作用，要抛大家一起抛，要吸大家一起吸，这就等于把苦和甜中和了。

在J.P.摩根活跃的时代，各家银行需要自行判断经济周期的特征，并且据此调整自身的经营方针。现在，这项工作很大程度上被转移到了中央银行。对于各家商业银行来说，每当重大转折关头，就没有必要打太多小算盘了，大家团结一致朝着中央银行举旗的方向前进。虽然精准踩点的乐趣减少了，但是在半山腰买入的风险也减少了。总账肯定还是合算的。

从宏观上看，银行系统在央行以及更高层的统一指挥之下，非但可以在冬天就为春天做好准备，甚至可以合力促成春天的早日到来。这是银行3.0时代的根本特征。懂得了这一点，才能真正理解现代银行业。

### 重资产

银行的商业模式高度依赖于充足的资本，《巴塞尔协议》特别强调这一点。从 1988 年的《巴塞尔协议 Ⅰ》，到 2010 年的《巴塞尔协议 Ⅲ》，监管机构对商业银行的资本充足率要求是不断提高的。这主要是为了控制风险。

控制风险当然不是没有代价的，金融市场上的一切交易都是风险与收益的取舍。一边降低风险，另一边还不牺牲盈利能力，哪儿有这样的好事？要是哪家公司做出这样的报表来，我们倒是可以拿出检察官的精神，好好关注一下了。

A 股的投资者教育有一处重大缺憾，那就是缺乏对风险收益比的理解，以致很多投资者沿用这种"只看收益"的视角来看待《巴塞尔协议》。在总资产收益率一定的前提下，提高资本充足率要求，确实会降低净资产收益率。可是，银行股的问题从来就不是盈利能力太弱。压制股价的最大因素，始终是风险。

其实如果跳出来看，逻辑更加简单。央行就像是银行的亲妈，亲妈做什么事，还不是为了孩子好？真要说亲妈有什么心思，那也是希望孩子的"人生"不要大起大落，能够行稳致远。

A 股市场有一个特点，那就是极其厌恶再融资。按我的理解，它背后的逻辑是，愿意参与某只股票交易的资金是相对稳定的，上市公司再融资之后，资金相对股本就变少了，于是价格就倾向于下跌。这个投资逻辑从 20 世纪 90 年代的股市初创时期开始，一直流传至今。这还有另外一大结论，那就是 IPO 会"抽水"，导致市场下跌，所以 A 股历史上会有熊市停止 IPO 的习惯。

A 股市场还有一个特点，那就是极其欢迎资产注入。大股东注入也好，外部并购也好，消息一出，往往就是大阳线夹道欢迎。我们把这两大特点放在一起比较，简直是相映成趣。

事实上，我们可以由此窥见 A 股市场投资者的深层次心理，那就是对募投项目的不信任。根据这种心理支配下的认知，如果上市公司增发股份募集资金，基本面是不会有什么变化的，纯粹就是股本变大了。但是，如果上市公司增发股份购买资产，基本面是会有明显改善的，股本变大一些也没关系。

我们姑且不谈这种心理状态是否正确，它的历史成因如何。在这里我只想指出，对于银行这个特殊的商业模式来说，募集资金和收购资产并没有什么区别。于是，这就有点像自相矛盾的故事了。按照募集资金估算，银行融资是利空；按照资产注入估算，银行融资就是利多。无论如何，至少有一点可以保证：银行业不存在募投项目质量的问题。新钱老钱都是钱，汇在一起就分不开了。

事实上，由于银行股当前的估值水平大幅突破净资产，在低于净资产的价格上增发融资，可能会造成新的问题。其实投资者的眼光也不必放得那么远，现在就把银行股再融资当成一个主要问题来讨论，实在是有点为时过早。

我们在前面的章节里做过一些测算，即使只按照估值修复到 1 倍市净率来计算，现在投资银行股的收益率也已经足够漂亮了。如果大规模融资真的算是一种风险，那也是幸福之后的风险。

## 技术进步

前几年有一个著名的口号，叫作互联网颠覆银行。在这个口号下，一个货币基金的份额被推高到令人咋舌的万亿量级。那么银行因此被颠覆了吗？没有。无论从银行的利润表还是资产负债表上看，相关事件几乎没有造成任何财务上的影响。坦白地说，连痕迹都没有。哪怕只在业务层面，基金和理财产品的销售服务也都在按部就班地进行。

保险业的商业模式核心是大数原理，即通过规模效应，把一个小概率的极端损失，转化成大概率的稳定成本。殊不知，银行的商业模式也暗含着这一原理。按照一般理解，银行只是经营存款与贷款的错配。但如果只是这样，银行就与 P2P 没有什么区别了。

我们把资金存在银行里，可以拿到一个稳定的低利率。我们把资金投放在 P2P 里，可能有 9 次拿到高利率，然后 1 次爆雷，资金全部损失。当然，如果不怕麻烦，把个人资产分成 1 万份，滚动投放 1 万个 P2P 产品，那么理论上可以得到接近于银行存款的效果。但是，由于信用风险和操作风险的存在，实际上肯定达不到银行的水平。

所以说，银行就是经营错配，这个理解不能算错，但是要加上"大规模"这三个字。银行经营的是大规模错配。这也就是为什么全世界的银行都在拼命做大规模，并且强调跨区域经营，多行业均衡放贷。

根据马科维茨的现代资产组合理论，把负相关性和低相关性的资产组合起来，可以起到免费午餐的效果。我们经常听到那些华尔街巨头重视中国的理由，倒不一定只是看重中国经济的增速，而是说中国可以提供与欧美市场相独立的风险收益配比。

除了空间上的分散，还有一个时间上的分散。因为利率是周期波动的，假如在高息环境下锁定了负债，接下来进入到低息环境，你该怎么经营？银行的规模足够大，甚至有按揭贷款这样可以长达30年的优质资产。这才敢说，这个商业模式是可以持续经营的。

总而言之，要在现代经济环境下做金融业务，就必须要有规模，没有规模只能是小把戏。可是这样问题出现了。做那么大规模，需要投入多少资本金？粗通会计准则的人都知道，净资产并不是特定的某项资产，它的定义就是总资产和总负债之间的差值。净资产或者说资本金存在的唯一目的，就是在逆境中用来吸收损失的。

一家金融机构做轻资产运营，就等于是把风险转嫁给了社会。可是假如监管机构不愿意"坐以待毙"，反而选择主动出击呢？强制要求那些新兴金融机构把资本金给足，那么净资产收益率就下降了。等到那时候，它们在经营上还能否胜过银行可就不一定了。

可能有些人会觉得，自己明明从互联网理财中受益很多，怎么能说没有改变银行呢？其实这件事要放在利率市场化的大背景下来看。从2001年加入WTO，利率市场化就开始了，只不过最后在很大程度上以货币基金和理财的形式表现出来罢了。

按照原本的条件继续发展下去，完全市场化的存款利率也应该像货币基金一样不断变动。但是，现在变成了一部分"懒人"直接活期或者定存，而让那些愿意折腾的人去做货币基金和理财。有些人可能会很惊讶，货币基金的利益也是银行给的？货币基金的收益来源无非是短期债券、大额存单、商业票据、协议存款之类的东西。难不成货币基金还能跳过银行，直接参与实体经济的利益分配吗？真要如此，那就成了存贷业务了，货币基金也就变成银行了。

很多人喜欢讲货币基金会造成脱媒。这完全说反了。原本在投资者和企业之间，只有银行这一道中介。现在变成了从投资者到货币基金，再从货币基金到银行，最后从银行到企业。明明是多了几道环节，这应该叫增媒才对。

其实真要说起来，P2P 才是真正的脱媒。效果如何，大家有目共睹。假如这世上没有坏人，当然也就用不着警察。假如这世上没有骗子，当然也就用不着中介。只可惜我们不是生活在童话世界……

## 直接融资

一些人质疑银行，他们认为中国提倡发展直接融资，而银行经营的债权业务属于间接融资，所以银行业前途渺茫。

从均输平准的大逻辑里分支出来的小窍门，凡是政府向市场喊话的，一定是雪中送炭，而不是锦上添花。当然，并不是说雪中送炭就一定无利可图。我们做投资必须懂得换位思考，低价参与优秀公司的股权融资，我们当然高兴了，可是原有股东不是被我们摊薄了吗？越是优秀的公司，越是珍惜自己的股权。把股权发放给核心员工，那是为了激励其创造更多的价值。作为只能提供资金的小股东，如果能够随便占到便宜，通常来说，这家公司大概率不是什么好公司。

在 DCF（现金流贴现）模型的 WACC（加权平均资本成本）设置里，股权融资一定是比债权融资更有价值的。从国际经验看，强势的公司是不融资的，比如微软、谷歌、腾讯、茅台等。下一档次是几乎全部使用债权融资的，比如麦当劳、波音等。由于折旧等原因，它们的账面净资产都变成了负值，但是因为债权人不担心它们破产，所以可以存续经营。事实上，如果允许前一档次公司无限回购自家股票，那么它们迟早也会进入下一档次。

对于一般的企业经营来说，只有当银行放贷不够用时，才会选择使用股权融资。在 A 股的实践中，要是上市公司没有把银行贷款用足就增发，投资者是可以发起合理质疑的。因为监管机构和交易所都默认，银行贷款是成本更低更便利的融资方式。值得同情的是夫妻店、亲戚朋友合伙之类的企业，银行通常不会给它们放贷，因此它们的经营高度依赖股权融资。

从上述鸟瞰的视角来观察，我们就能发现，融资市场像热带雨林一样多姿多彩。这里是一整套生态环境，万类霜天竞自由。直接融资不可能取代间接融资，更不存在银行业没有前途的问题。

## 数字货币

表面上看，数字货币好像是与区块链相关的技术问题，但是往深里看，它其实包含着一个关于如何评价人类历史发展的哲学问题。经过前面章节的回顾，我们已经知道人类使用金属铸币的历史长达数千年，而彻底采用信用货币的历史只有区区数十年。就像婴儿学步一样，人类掌握一种新的技术工具需要时间沉淀，也需要试错的过程，而每当遭遇波折，就会出现不同的声音。

2008 年全球金融危机爆发。当年年底，美联储降息至 0 附近。次年初，比特币问世。当时比特币主打两个卖点，一是供应量确定，二是无法追踪。很明显，这两个特征都带有反抗美联储"暴政"的意味。只可惜，比特币的这两条特征相比于实物金条毫无优势。

具体而言，美联储的货币政策当然存在值得批评之处，但是因此否定信用货币的历史意义则没必要。人类历史上由于受到大自然的束缚，无法调节货币供应量，从而引发的危机、战乱和痛苦还少吗？退一万步说，最终哪怕人类真的决定放弃这一权力，重新接受大自然的束缚，那么贵金属本位也将是更成熟、更高效和更低成本的。

当然，数字货币是一个很大的概念。其中币值与法定货币严格绑定的，被称为稳定币，稳定币是有发展前景的。至于非稳定币，大概可以视同各种颜色和形状的小石子，愿意收藏的收藏，但是要跟黄金媲美，那真是异想天开了。

如果把数字货币的未来理解成为法定货币的数字版本，那么它就只是现代金融体系中的一个技术细节，不应该也不可能产生颠覆性的影响。现在人们对它的想象很多，主要还是受到非稳定币的影响。

对于技术比较落后的小国来说，如果监管能力跟得上，直接采用互联网巨头提供的稳定币也许更加方便。但是对于有能力的大国，比如中国来说，直接提供法定货币的数字版本显然是更优的选择。

第 10 章

# 估值问题

- 绝大多数认真研究过银行业基本面的投资者，其实都承认银行股是被低估的，而且普遍认为在未来的某个时点它很可能会大幅上涨。即使如此，这些投资者中的大部分仍然选择不配置或者少配置银行股。原因也很简单，关键就是一句话：那么多年都没涨过……这种心理状态，正是产生灰犀牛现象的温床。

- A 股的历史可能还是短了些，有点夏虫不可语冰的味道。就像你跟小虫子说，等冬天过去了，夏天还会再来。这很难说服它，因为超出了它的认知范围。所以有的时候，我们需要从发达市场那里汲取一些长期经验。

- 从这个意义上讲，科技业的进化像是硬件更替，而银行业的进化则更像是软件升级。绝不是某些投资者想象的那样，一个日新月异，另一个原地踏步。

## 灰犀牛

二级市场的研究报告大致可以分成两种。一种报告的内容是面向上市公司本身的。报告通篇只介绍公司或者行业的情况，并不结合当时的行情。按照格式要求，这种报告一般会给出一个目标价，但这不是重点。这类报告往往是会被收藏起来，当成背景资料使用的。另一种报告的内容是面向资本市场的。它的主题往往是困境反转、景气高涨、政策利好之类的投资机会。首先发现有这个投资机会，然后再找出相应的基本面信息作为支撑。这类报告的时效性很强，如果不是为了推翻论点，一般几周后就不会再有人去看了。

总而言之，面向行业的报告，保质期长；面向市场的报告，保质期短。这反映了一个事实，那就是二级市场的变化比绝大多数实体行业都要快一些。投资机会往往转瞬即逝，还没等到很多人着手去做就已经过去了。

可是这种相对特征是否绝对成立呢？有没有可能二级市场长期持续地犯同一种错误呢？这种可能性当然是存在的。它被称为灰犀牛风险。

灰犀牛是与黑天鹅对应的概念，两者都被用于描述重大风险事件。黑天鹅强调的是意料之外，灰犀牛强调的是视而不见。相较而言，黑天鹅让人感觉可怕，而灰犀牛则让人感觉可惜。黑天鹅往往是突然发生的，而灰犀牛其实是缓慢形成的。正因为灰犀牛发展缓慢，所以人们放松了警惕。

这就好比桥梁的立柱已经腐朽了，所有人都看在眼里，然而那么多年它都没垮，于是投资者就也假设它明天仍然不会垮。短期看，做此假设也有一定的合理性。但是长期看，大家心里都明白，这座桥是一定会垮的，只是时间问题罢了。

在写作本书之前，我与很多人讨论过银行股的问题。绝大多数认真研究过银行业基本面的投资者，其实都承认银行股是被低估的，而且普遍认为在未来的某个时点它很可能会大幅上涨。即使如此，这些投资者中的大部分仍然选择不配置或者少配置银行股。原因也很简单，关键就是一句话：那么多年都没涨过……这种心理状态，正是产生灰犀牛现象的温床。

在第 2 章中，我们介绍过当今全球大公司中估值便宜的前十只股票。在三种不同指标的计算结果中，中国的四大银行都赫然在列，我们姑且可以称之为世上估值便宜的股票之一。事实上，从市净率看，它们同时也处于历史上便宜的位置，如图 10-1 所示。

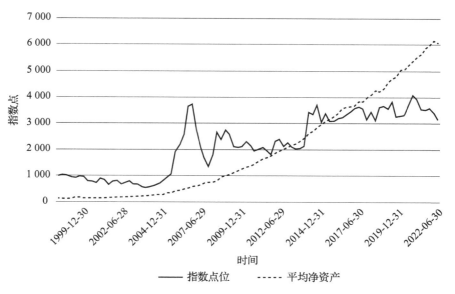

图 10-1  指数点位与平均净资产

资料来源：万得金融终端。

在讨论大盘方向时，经常有人会提到，A 股市场目前的整体估值不贵。确实，截至 2022 年 6 月，A 股市场的整体市盈率是 17 倍，略低于美国的标准普尔 500 指数。可是假如剔除银行股呢？市盈率将立即变成 25 倍，较标准普尔 500 指数高出 34%。

总而言之，A 股对银行业的低估，无论从规模上看，还是从幅度上看，都已经达到了显著的程度。目前 A 股银行业的总市值约 9 万亿元，净资产约 19 万亿元，因此我们可能发现了一头价值 10 万亿元的巨型灰犀牛。兹事体大，不可不察焉。

## 都是预期惹的祸

抛开宏大叙事，让我们回到微观视角。我曾经听到许多投资者抱怨银行"赚钱慢"。果真如此吗？现在我们假设，在 2003 年底投入 1000 元资本金，这笔钱按照银行业整体净资产收益率的速度滚动增长，那么到 2021 年底这笔钱应该变成多少了呢？答案是 13939 元，与本金相比增长将近 13 倍。与此同时，万得偏股混合型基金指数也从 1000 点增长到 12701 点，增长了将近 12 倍。后者略逊一筹，如图 10-2 所示。

有人可能觉得，基金指数说明不了什么，身边的股民个个跑赢基金。这话可就有误了，我告诉大家两句话。第一句，股民业绩普遍不如基金。第二句，基民业绩普遍不如基金本身。这两句话的合理性可以这样证明。综合指数，比如著名的上证综指，它们显示的是总市值的相对变化，于是它代表着全体股票投资者的损益情况。假如有人认为大股东不属于投资者，那么我们也可以改用沪深 300 等流通股本加权指数。无论怎么计算，A 股市场没有任何一只综合指数能够达到 18

年增长 12 倍的水平。

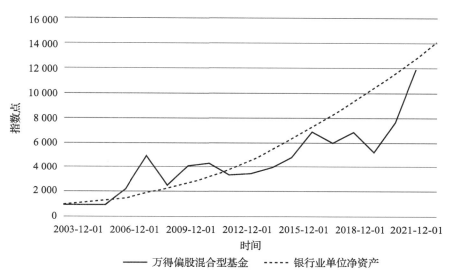

图 10-2  银行与基金的增长比较

资料来源：万得金融终端。

　　总之一句话，就是指数不如基金。举例来讲，指数涨了 10%，说明基金和非基金投资者总共赚了 10%，又已知基金赚了 30%，那么非基金投资者赚得的利润能高于 30% 吗？所以说，基金"割韭菜"并不是开玩笑。当然，股民内部方差大，高手水平很高，低手水平很低。可是这并不影响总体上，股民业绩不如基金。

　　我们再把基金规模和净值对照起来看。高位申购、低位赎回，这其实也没什么好奇怪的。股民和基民本来就是同一个群体，追涨杀跌自然是他们的共同习惯。再加上各种费用，一进一出，两三个百分点的利润就没有了。因此，基民业绩怎么可能超过基金本身呢？

　　以上两点综合起来，就是说无论作为股民还是作为基民，业绩大概率是跑不过基金，而基金净值仍然跑不过银行。那么，大家凭什么认为银行赚钱慢呢？

既然银行赚钱能力这么强，为什么最近几年参与银行股的投资者没有感受到呢？原因很简单，都是预期惹的祸。2003年底的时候，人们对银行的预期相当乐观，给予的估值水平是3.7倍市净率和29.4倍市盈率。而到2021年底的时候，人们对银行的预期又相当悲观，给予的估值水平是0.6倍市净率和5.6倍市盈率。这个反差实在太大了。

过去十几年，银行股的投资者有苦说不出，这种感觉非常难受。明明有更大的账面收益，却体现不到股票价格上来。股市需要反向思维，也需要反向情感。投资者也不必随随便便就与人共情，今天有多难受，说不定明天就有多张扬。

A股的历史可能还是短了些，有点夏虫不可语冰的味道。就像你跟小虫子说，等冬天过去了，夏天还会再来。这很难说服它，因为超出了它的认知范围。所以有的时候，我们需要从发达市场那里汲取一些长期经验。

股神巴菲特有一个判断股市总体方向的独门秘诀，人们称之为巴菲特指标。这就是把股市总市值与GDP相比，得出一个比率。这个指标没有一个绝对的均衡水平，当它远远高于历史水平时，就说明股市有可能要下跌了；而当它远远低于历史水平时，就说明股市有可能要上涨了。

为了验证这一点，我把1945年以来美国名义GDP和道琼斯指数画在图10-3上。两者清楚地呈现出相互纠缠的状态。其中GDP是比较稳定的，而道琼斯指数则有点上下波动。不过只要把时间拉得足够长，它们终究是会再次"碰面"的。禅宗问答中有幡动、风动、心动的说法，事实上，造成股市波动的最大因素往往就是"心"动，"幡"其实从来都在那里。

图 10-3 美国名义 GDP 与道琼斯指数

资料来源：万得金融终端。

作为长期配置，价值回归是最简单有效的策略。我这里建议投资新手，不妨考虑以一个较低的，一般不超过三成的仓位买入银行股，或者干脆每月定投银行股。

为什么要建议以低仓位买入呢？因为这是长期投资，要准备好持有几年，相关仓位的价格必须低到你能够"忘记"它，它的日常波动必须小到不足以影响你的心理状态。如果因为贪多而拿不稳，最后的体验反而不佳了。当然，如果你对投资很有经验，那就可以自行判断。

　　我知道有些投资者喜欢满仓单票，那我可不敢肯定银行股是最适合你的。投资要讲风险收益比，既不是预期收益越高越好，也不是风险越低越好。优秀的投资组合应该像中国象棋，车马炮相士，各司其职，各显其能。有进攻属性的股票，也有防守属性的股票，相互配合，各有侧重。

　　学习投资有点像健身房锻炼，宁可负重小一点，动作一定要对。有了基础之后，将来还有机会上大重量。一开始就上大重量，动作容易错。更可怕的是受伤、休息、放弃，一次小伤错过一生，这样的例子我见得太多了，所以姿势正确必须从头抓起。

## 百年未落的夕阳

　　有些投资者的疑问来自另一方面。在他们看来，投资就是要投未来。未来的方向是什么？是科技。他们可能并不怀疑股市与 GDP 之间交替领先的关系，但是他们会怀疑若干年后，银行这样的"夕阳行业"还能在 GDP 中占多大比重？会不会像传真机、录像机、胶卷照相机那样，消失不见了呢？

　　我想指出，无论是传真机、录像机还是胶卷照相机，所有这类盛极一时而又逐渐消失的事物，几乎全部来自曾经的科技行业。我们没有任何理由对银行业的存亡感到担忧，因为银行业的历史，不要说股市了，它比整个现代欧美文明都要悠久，至少可以追溯到启蒙时代之前，甚至有些人还将其追溯到中国的唐宋年间。

　　更加客观的视角，是跳出具体的产品和业态，把科技行业当成一个有机的、历史的整体。如果这样看的话，科技行业并不是什么新东西。

福特的 T 型车，莱特兄弟发明的飞机，罗斯福炉边谈话用的收音机，这些都是当年的高科技。一百年前就有科技和银行，一百年后还是有科技和银行。这两者是共生共荣的关系，不是此消彼长的关系。

熟悉复利原理的投资者，常常会举一个例子。100 元资本金，如果每天增长 1%，365 天之后会变成 3778 元；如果每天萎缩 1%，365 天之后只剩下 2.5 元。我们不妨静下心来好好想一想，科技与银行之间，能是这样的关系吗？如果我们把科技行业视为一个整体，那么它每隔几十年就会产生一次产品形态上的重大创新，比如 20 世纪 70 年代的传真机、90 年代的个人电脑，以及最近十几年的智能手机。

其实银行业何尝不是如此？中央银行制度建立之前与之后，银行业可以说完全是两个行业。脱离金本位前后，银行业也可以说是两个行业。从银行 1.0 到银行 2.0，再到银行 3.0，这是大版本更新。其中，还有其他许多小版本更新，比如《巴塞尔协议》问世、逆周期宏观审慎政策框架的实施，等等。

从这个意义上讲，科技业的进化像是硬件更替，而银行业的进化则更像是软件升级。绝不是某些投资者想象的那样，一个日新月异，另一个原地踏步。

众所周知，硬件更替比软件升级更加消耗资本。如果只看总量的话，高投入，当然会有高增长。如果一个房间开 10 盏灯，亮度还不如开 1 盏灯，那才奇怪呢。不过，比亮度其实是一个伪命题，真正有意义的是比灯的能耗。对应到股市里，就是看净资产回报率。以创业板为代表的成长股一边大笔融资，另一边却不能制止净资产收益率不断下滑，这一点我们在前面的章节里已经讨论过了。

当然，我没有丝毫企图，想要否定创业板存在的历史意义。从创业板走出了许多伟大的公司，它也为大量优秀投资人带来了财富。只不过朴素的生活经验告诉我：人多的地方不要去挤，尤其要提防那些一夜暴富的动人故事。

## 尾声

戴维斯是与巴菲特齐名的美国投资大师，很多人知道他的名字，是因为与他相关的两个专业名词：戴维斯双击和戴维斯双杀。所谓戴维斯双击，是指股票业绩和估值水平同时上升，导致价格急剧上升。而戴维斯双杀则反之。

20 世纪 70 年代是美股的沉闷时代，道琼斯指数连续 18 年没有创出新高。戴维斯当年是这样评价银行股的：

它们以 10 倍市盈率出售，收益则保持 12% ～ 15% 的稳定增长。银行一向保守的名声使投资者低估了它们的前景……

银行不制造任何产品，因此不需要昂贵的工厂、精密的机械、仓库、研究室或者高薪博士。银行不会造成污染，所以不用花钱购买控制污染的设备。它不出售小器具或者成衣，因而无须聘用销售人员。它不用装运货物，因此没有运输费用。银行唯一的产品就是货币，而货币永远不会过时……

银行之间相互竞争，但银行业本身永远时兴。这一点却不能套用到马车、油灯、客车、电报机、打字机、留声机和赚钱的 Rolodex 名片夹。等到新点子一出现，这些知名产业就会遭到淘汰。硅谷的一个笨蛋哪天灵光一现，就可能让那里一半的公司破产。但是银行业仍能继续存在……

　　我不想列举戴维斯从这次双击中赚了多少利润，那是一个天文数字，但是对我们来说没有意义。正如马克·吐温所说，历史不会简单重复，但总是压着相同的韵脚。银行股的投资价值到底如何？我们又当如何决策？他人永远只能提供建议，最终拍板的人只能是你自己。

　　纵观历史长河，横贯全球列国，能够以如此便捷的条件，使自己的命运与当今中国的大势同向发展，这是无上的光荣。而在这个股票估值的至暗时刻，能够以著书立说的形式来向大家推荐这个机会，更是我个人的荣幸。谢谢你的阅读。

# 参考文献

［1］ 毛泽东. 毛泽东选集：第四卷［M］. 2 版. 北京：人民出版社，1991.

［2］ 邓小平. 邓小平文选：第三卷［M］. 北京：人民出版社，1993.

［3］ 刘鹤. 两次全球大危机的比较研究［M］. 北京：中国经济出版社，2013.

［4］ 姜建清. 中国大型商业银行股改史［M］. 北京：中国金融出版社，2019.

［5］ 丁昶. 文明、资本与投资［M］. 北京：中信出版集团股份有限公司，2021.

［6］ 巴菲特，坎宁安. 巴菲特致股东的信：投资者和公司高管教程：原书第 4 版
［M］. 杨天南，译. 北京：机械工业出版社，2018.

［7］ 亚当·斯密. 国富论［M］. 孙善春，李春长，译. 北京：中国华侨出版社，2010.

［8］ 凯恩斯. 就业、利息和货币通论：重译本［M］. 高鸿业，译. 北京：商务印
书馆，2021.

［9］ 加文. 黄金、美元与权力：国际货币关系的政治（1958 ～ 1971）［M］. 严
荣，译. 北京：社会科学文献出版社，2016.

［10］ 戈登. 伟大的博弈：华尔街金融帝国的崛起（1653—2011）：珍藏版［M］.
祁斌，译. 北京：中信出版社，2011.

［11］ 皮凯蒂. 21 世纪资本论［M］. 巴曙松，陈剑，余江，等译. 北京：中信出版
社，2015.

［12］ 马拉比. 富可敌国：对冲基金与新精英的崛起：经典版［M］. 徐煦，译. 北
京：北京联合出版公司，2016.

［13］ 李录. 文明、现代化、价值投资与中国［M］. 北京：中信出版集团股份有限
公司，2020.